PSICOLOGÍA OSCURA Y MANIPULACIÓN

CÓMO APRENDER A LEER A LAS PERSONAS, DETECTAR LA MANIPULACIÓN EMOCIONAL ENCUBIERTA, DETECTAR EL ENGAÑO Y DEFENDERSE DEL ABUSO NARCISISTA Y DE LAS PERSONAS TÓXICAS

CELIO SALOME

PUBLICACIÓN

circular

ÍNDICE

INTRODUCCIÓN

La psicología oscura y la manipulación está presente desde que el hombre se puede comunicar, no solo verbalmente sino con el lenguaje corporal. Unos siempre han buscado la manera de manipular al otro.

Es utilizada para poder manipular a otros, ¿cómo lo hacen? Es lo que estamos a punto de descubrir, hay muchas formas de hacerlo y sin excepción en algún momento de la vida hemos aplicado la manipulación, solo que con la gran diferencia de que hay manipulación sutil y unas que hacen personas que son realmente maquiavélicas.

La psicología oscura se ha estudiado por científicos para intentar entender qué es lo que permite a las personas seguir los sueños de manera despiadada a expensas de toda la gente alrededor.

Hay principios científicos de persuasión, y los que usa la persona para afectar a otros que no estén de acuerdo con él, aparentemente por voluntad propia.

Son técnicas de control mental que usan personas que logran descubrir las vulnerabilidades de otros y así les cambian su realidad y los tiene a su voluntad.

Conoce por qué engaña la gente que la lleva a actuar así, también entiende por qué las personas se dejan manipular, cómo es que en realidad funciona el control mental.

Hay muchos tipos de manipulación, desde los indirectos que no se perciben hasta algunos que las personas no quieren ver porque tienen afectos combinados que hacen que no dé el paso para librarse de las manipulaciones.

Conoce los secretos de la manipulación, las afectivas, que son las más comunes. Si no sabes si te están manipulando, conoce los secretos de la manipulación y cómo te puedes librar de ellos. En las relaciones las manipulaciones son comunes, conoce cómo identificarlos, tantos para las mujeres como para los hombres.

No todo lo que se habla en este libro es de lo malo que hacen los manipuladores, hay manipulación buena y es la que busca convencer a otro de que dé un paso, o para generar un impacto en otros y convencerlos de lo que sea.

Ten presente los objetivos finales que quieres con esa manipulación, aprenderás a hablar con la audiencia usando un lenguaje persuasivo, apoyando el mensaje con imágenes y dejando una apertura en cada uno de los que te oyen. Paso a paso conocerás cómo generar una buena imagen y que las personas conecten contigo.

Una de las maneras en las que se da la manipulación es por medio del lenguaje no verbal, conoce todas las estrategias para bien y para mal que incluyen al lenguaje no verbal y a la manipulación.

Podrás saber cuándo te manipulan y también cómo manipular, esto combinado con lo anterior de saber dar un discurso es el boleto para que sepas cómo conectar con los demás.

Sabrás con este contenido, cómo dominar conversaciones, esas donde todas las miradas se posen en ti, que te escuchen y lo que le digas lo tomen como convincente y real. Ideal para quienes necesitan dar un discurso o vender. Hay secretos de una buena conversa que se pueden aprender sin mucho esfuerzo y dejan grandes resultados.

Este contenido aborda todo sobre la persuasión, desde la que sucede en la pareja, hasta la avanzada, que se da con la manipulación de los medios, como nos colocan ideas en la mente desde comerciales a políticos y también por la hipnosis, tanto la benigna que busca ayudar hasta la colectiva

La psicología oscura está presente en nosotros, a donde miremos hay alguien intentando meternos ideas y hacernos cambiar de parecer, por eso, es importante conocerla a fondo.

LA PSICOLOGÍA OSCURA USADA PARA FINES PERSONALES

*L*a psicología mental es un término que algunas personas ponen en marcha para hacer referencias a rasgos oscuros o inquietantes en una persona como el maquiavelismo. La psicología oscura ha englobado rasgos de personalidad que no son deseables, como la manipulación y el control que se ejerce, entre otras cosas además son peligrosos, lo que lo podría llevar a ser una víctima

¿Qué es la psicología oscura?

La psicología oscura como tal no existe, no hay una rama que diga que está presente. Sí hay áreas de la ciencia que se ocupan de indagar el comportamiento de criminales, como lo es la psicología criminal, la que avoca a estudiar el comportamiento de los que la han cometido, con el plan de determinar, cómo o por qué la persona actúa de determinada manera.

La psicología criminal se encarga de estudiar cuáles son los tipos de delincuentes y cuáles son las conductas delictivas en las que se puede caer. Para el caso de la psicología forense, esta estudia los tipos de delincuentes y las conductas que tienen, también los procesos mentales y lo que presente esta persona. Con el propósito de presentar algún informe. De esta manera, mientras la psicología criminal involucra estudios a las víctimas, delincuentes, la psicología forense dedica más el estudio de la personalidad y comportamiento criminal.

Es por eso que se hace mención a este tipo de psicología, aclarar los conceptos y acotar que una persona que encaje en los patrones de conductas que se señalen en la psicología oscura, no es que esto se traduzca en que es un delincuente.

Pueden serlo, claro, pero una de estas personas manipuladoras, controladoras, pueden estar en cualquier lugar, pueden ser familiares, hasta uno de nuestros padres, no en una prisión, puede ser el vecino, el maestro que va a las clases, cualquiera de estos.

Hay algo que se estudia ampliamente en la psicología clínica. Se llama la triada oscura. esto también ha tenido consideración en departamentos de gestión empresarial.

La triada oscura hace referencia a las personas que lanzan altas puntuaciones en evaluaciones que muestran probabilidades para molestar y dar problemas, lo que es un problema para ocupar más liderazgo.

Las personas que alcanzan puntuaciones altas, generan malestar en el ambiente donde trabaja, porque tienen perfiles que se muestran poco empáticos, compasivos, no caen bien…

Lo que se denomina triada oscura si se aborda en el campo de la psicología y cubre los rasgos de personalidad propios de narcisismo, maquiavelismo o psicopatía. Se llaman con esto oscuro, porque tienen un toque de maldad, frialdad, las emociones las expresan mal. Así como comportamientos agresivos, falsos, carentes de sinceridad.

Los que comienzan a hablar de la triada son los autores Delry L. Pauhlus y Kevin M. Williams, en 2002.

Aunque el psicólogo Moraga Fernando, tiene un estudio que se llama: La triada oscura de la personalidad, maquiavelismo y psicopatía, una mirada evolutiva.

Señala que el origen de este estudio aparece en 1941 en la obra The Mask of Sanity de H. Cleckey. En el 91, Robert Hare logra que la triada contara con un trabajo Psychopathy Checklist-Revised (PCL-R).

Veamos los rasgos de la psicopatía:

En el 76, Cleckey propone rasgos que pueden definir psicopatías subclínicas:

- Pésimo encanto superficial, lo que atrae desde el inicio.
- Gran inteligencia.
- Falta de pensamiento irracionales
- Sin alucinaciones.
- Nada de muestras de nerviosismo.
- Poca sinceridad o falsedad.
- Conductas antisociales sin justificación.
- No siente vergüenza.
- No siente remordimiento.
- No ama
- Egocentrismo
- No tiene intuición
- Poco afecto
- Insensibilidad
- No aprende de las experiencias.
- Actúan exagerados, bien sea bajo efectos de alcohol o no.
- Vida sexual frívola
- Amenazas de suicidio que pocas veces se dan.
- No hacen plan de vida.
- Relaciones afectivas inestables.

Cuando se menciona el término de psicología oscura, se hace mención a esos detalles que acabamos de ver. Cobran relevancia y se estiman de gran importancia, caen en actos deshonestos para escalar posiciones, crean conflictos, entre otros actos.

¿Por qué engaña la gente?

Las personas engañan. La confianza mutua es de los pilares en las relaciones románticas y las relaciones de amistad o laboral. ¿qué pasa cuando se rompe la confianza?

Una falla es capaz de causar estragos en las relaciones. Como se da con análisis recientes, por ejemplo, las principales causas de divorcio son las infidelidades. También puede ser causa de manipulación, de mala salud mental, depresiones, ansiedad.

Que la persona engañe causa una serie de consecuencias adversas, tanto a nivel personal como en relaciones, las personas engañan.

¿Por qué lo hacen?

Una investigación donde le preguntan a casi 500 personas sobre las experiencias pasadas engañando a otros. Les piden que confiesen el engaño, que podía ser desde un amigo, hasta infidelidades, el 95% respondió que era para fines propios, para placeres personales y egoístas, es decir, pensaron en ellos mismos antes que en los demás.

Se han hecho varios estudios al respecto, en muchos casos hace falta una investigación empírica. Estos son algunos de los motivos por los que las personas engañan.

- **Perdían el amor o afecto**: en ocasiones, un déficit de afecto hace que las personas engañen, les importa poco o tienen una carencia de amor con esa pareja, si es en casos de parejas. En ocasiones ya los afectos están en otros lados, y es una de las razones por las que terminan engañando.
- **Buscan variedad**: pasa también que las personas se hacen infieles como respuesta a patrones donde se aburren. Muchas personas andan buscando variar, es por eso que buscan variar la vida.
- **Las fuerzas de las situaciones**: muchas veces las personas engañan porque les falta algo, a veces daban con oportunidades que no habían previsto.

- **Para subir la autoestima**: puede sonar contradictorio, porque cuando engañan dicen que es por problemas personales significativo, el tener aventuras supera el ego y la autoestima. Muchos dicen que engañan para intentar aumentar la autoestima.
- **Por enojo**: esta es otra de las razones, por papeles importantes, aventuras. El engaño es un modo de vengarse.
- **Falta de compromiso**: la falta de amor y de compromiso por los demás hace que la gente falle, que engañe, simplemente no le importa nada.
- **Por deseos sexuales**: cuando sucede con parejas, se da que la persona tiene deseo sexual para con otra y les llena el impulso de tener esa aventura. No se comprometen con las relaciones. Las parejas no se están comprometiendo con la frecuencia del sexo que les hace falta. Los hombres reportan esto con un mayor número de mujeres en los estudios.

El control mental

Seguramente has sido sometido al comportamiento doloroso y dañino que las personas hacen sin tener escrúpulos.

Puede que hayas sido víctima de humor negativo dado para meterte con los puntos débiles y ser vulnerable.

Lo bueno es que te puedes proteger de estas estrategias oscuras para que evites ser manipulado o arrastrado a la realidad a expensas de la cordura.

El arte de psicología oscura se ha estudiado extensamente por científicos para que entiendas lo que permite a las personas seguir los sueños, con todo alrededor.

El proceso del control mental

El control que los demás ejercen sobre nosotros es la búsqueda de controlar el comportamiento, usan técnicas de persuasión o control mental, tratando de eliminar las capacidades críticas o autocríticas de la persona. Tienen un gran rango de tácticas psicológicas que pueden subvertir el control de una persona sobre el pensamiento, emociones, comportamiento o decisiones. Los métodos por los que puede tener ese control, son el foco de estudio entre sociólogos, neurocientíficos y psicólogos. Aunque el control mental lo tenemos también en la religión, política, televisión, prisioneros de guerra, operaciones encubiertas, totalitarismo, cultos, tortura, terrorismo y manipulación neurocelular.

Hay maneras de manipulación que pueden ser altruistas, pero la manipulación tiene normalmente una connotación que no es buena, que evoca manipulaciones, comportamientos egoístas, lavado de cerebro, las que llevan al suicidio o comportamientos genocidas.

Están los que distinguen la manipulación mental, es un término general de la dominación, donde procura lograr que la persona o grupo se comporte sin consciencia clara del origen exterior de la sugestión, del modo previsto por los manipuladores, usando violencia. De algún modo es frecuente en las sociedades, sean o no democráticas, en el plano profesional, familiar o conyugal, porque desde que existe, deformación, mentira u omisión voluntaria de la verdad. Se mantiene en presencia de tentativas de manipulación, a veces se califica de manipuladoras, a personas que solo tienen una actitud para convencer sin tener objetivos, egoístas, algunos toman que la publicidad es un modo de control mental.

Decir manipulador es decir que se es proclive a personas de todos os orígenes sociales. El manipulador tiene una estructura psicológica perversa del tipo psicópata, puede verse tipo psicópata, aparecer como simpático o no, puede verse como víctima parece que cada uno es más o menos manipulador en la vida.

Sobre las definiciones se pueden mostrar varios tipos de manipuladores, los que usan sin remordimientos, que actúan con narcisismo, con poder, pueden actuar mostrándose como estafadores, con malas intenciones. Pueden apoyarse en mentiras, en seducción, en coacción por amenazas o por la fuerza, puede desestabilizar de manera psíquica, ser una herramientas de algunas formas de tortura.

Se puede entender el comportamiento como algo perverso o torcido, de un desorden de personalidad, con causas que se remontan a la infancia, a la educación del manipulador, si ha sido manipulado por los padres o educadores, los psicólogos normalmente ven comportamientos de manipulación, en las familias y en el entorno laboral o educacional.

La manipulación mental es un modo de egoísmo, muchas veces el manipulador demanda en los otros comportamiento aceptable, sin adecuarse a ellos mismos. Se apropia de ideas de otros. intentando hacer tomar por otros las responsabilidades. El manipulador argumenta que lo que hace es moral o lógico. Usa pretextos, como la norma, el buen comportamiento que se da tener en la sociedad o grupo, saber dar uso de los puntos débiles de otros, hacer que se sientan ridículos, culpables, lo que ubica o mantiene la situación favorable para manipulación.

La manipulación mental se apoya en varios registros:

- El emocional que es el miedo, la vergüenza, angustia, pudor, inmadurez, timidez, esperanza, necesidad de que le reconozcan, confianza, amistad, lazo familiar, deseo, conciencia profesional. Sentimientos que pueden ser explotador por el manipulador.
- La explotación del sesgo cognitivo por informaciones que no son reales, las simplificaciones o jerga retórica y los sofismas y órdenes paradojales.
- Las presiones psíquicas o físicas, repetidas, son una dinámica de grupo que el manipulador busca controlar.
- El mantener el rol de chivo expiatorio, donde un grupo se mantiene como perseguidor, aislado del grupo. El registro de dominación se desarrolla con el miedo y los principios de recompensa, sumisión y castigo.

Tener poca autoestima, es un sentimiento que genera culpa o inferioridad y vuelve a las personas más vulnerables a la manipulación, así como con otros escenarios tales como:

- Depresión. Que puede ser resultado de la manipulación mental.
- Shock traumático, en las situaciones donde hay pérdidas, como de un padre, de un ser cercano, separaciones, perder el empleo, atentados, violaciones, acusaciones… todo esto crea neuróticos que culpa y que pueden ser manipulados por personas psicópatas
- Traumas reprimidos que han sucedido en la infancia.
- Esquizofrenia de la persona.
- Alguna droga, estupefacientes, medicinas, toxinas que anulan la lucidez y la conciencia, por esto volver a ellos hace la manipulación más fácil.
- La edad, los niños y jóvenes son más influenciables, los pueden sugestionar, por tanto, manipulables, pero las personas son dependientes, sensibles a argumentos fundamentados.
- Devoción, aficiones o fanatismo especial de personas que les mantenga sumisos a la voluntad del que manipula que aparenta conocer más o ser erudito de la devoción.
- La sugestión por llegar a un nivel de hipnotismo en personas como inmaduros o niños, los medios masivos, con propagandas políticas en donde sugestiona y se siente identificado con el imaginario ganador, aunque los medios para ganar, como el asesinato.

Aunque a veces lo dicen, el estudio no siempre protege de ser manipulable ante ciertos entornos.

La manipulación con comunicación, con vaguedad

Son hábiles para la comunicación no verbal, con lo que no dan mensajes que sean constructivos, pero a nivel no verbal dejan el mensaje contrario, dicen que sí, pero que no, una ambigüedad que nos deja sin poder reaccionar.

Los manipuladores se escudan tras estrategias de comunicación que dominan a la perfección, que crean una falsa impresión en los otros o desconcierto que hace difícil actuar en el momento y no permite defenderse.

Los discursos indirectos como manipulación

Son muchos los discursos indirectos o ambiguos que no dicen nada pero que pueden significar todo. Estos mensajes despiertan la mente y busca posibles interpretaciones, al final se entra en un bucle que provoca inseguridad.

Hay ironías, bromas, sarcasmo, lanzan muchos mensajes inapropiados, hostiles, ante las quejas que se dan.

También se les da muy bien el manipular las emociones, pueden mostrar equilibrio emocional hasta que en un momento dado se enfadan mucho, se indignan, se ven hundidos, preocupados, tienen tendencia a dar credibilidad a las emociones que normalmente aparecen, las personas logran lo que quieren.

Pasa que el manipulador usa un registro emocional, va por ahí, mostrando que está triste, como víctima, culpa a otros, va de inseguro y resuelve los problemas de siempre, la hostilidad que causa miedo.

En otras muestran emociones positivas, seducen, llenan de halagos, consideraciones, esto encanta, genera confianza en la persona, y se pasa al otro lado de las emociones, donde se critica de forma desmesurada y nos ignora.

Ellos hablan con tanta contundencia, sobre cómo somos y lo que somos, dicen que somos débiles, que no nos preocupamos, que no llegaremos a sacar adelante la empresa, que nos dejan sin palabras y con miedo.

Si somos personas que nos gusta hacer todo bien, valoramos el esfuerzo, siempre nos sentiremos menos.

Otra manera en la que manipulan es ocultando información, de esta manera provocan que nos sintamos fuera de lugar o menos importantes.

Causan rumorología y difamaciones con otros. de una manera sutil, ellos no son protagonistas de las difamaciones, pero sí los que lanzan el primer dardo.

El vocabulario de manera sutil o directa muestra una coacción o amenaza. Si no haces lo que quiero, no tendrás lo que necesitas.

Para rematar, multiplican el efecto de la manipulación, si usan las estrategias ante las personas. El ser manipulado ante otros implica que los presentes caerán bien, en la influencia del manipulador crea una sensación negativa sobre la persona que es manipulada y causa rechazos, falta de apoyo.

La influencia emocional para engañar

Este es un tipo de manipulador que controla, las cosas deben ser a su manera y además le gusta tener seguidores, esos que no se oponen a nada, se rodea de personas que le admiran y nunca le ponen en tela de juicio las decisiones. Puede que esa persona explote, pero lo hace por la causa, sea la que sea y hace de la causa algo suyo por encima de las necesidades reales.

Está la manipulación del amor, la tiranía por las reglas del cariño y del amor. Esta persona manipuladora nos quiere, nos lo hace saber de muchas maneras, pero detrás de esto está la necesidad de dañar para lograr los objetivos o satisfacer las necesidades. A veces es inconsciente, pero genera daños grandes porque las personas que manipulan parte de la red de apego y las relaciones seguras.

Pongamos ejemplos.

Ese gran amigo que al final se queda con un proyecto porque se ha sabido sacar la información y se ha presentado primero escondiendo a uno lo que hizo.

Se obliga a la pareja a ser parte de un curso de baile, cuando no le gusta a esa persona los cursos. Pero es algo clave para no sacar el tema que provoca tantas discusiones.

Un padre que tiene un discurso que dice que da todo por los hijos, que quiere que sean felices. Se siente incómodo con que uno de los hijos haga lo que él considera correcta y anda con momentos tratando de hacer críticas desajustadas o hacer sentir mal.

La frase de "Quién te va a querer como te quiero yo" un mensaje avocado para que haga lo que quiere por miedo al abandono.

Ante situaciones determinadas en personas reacciona con emociones desproporcionadas, que puede ser que tenga habilidades de gestión suficiente y estimule algunos momentos.

También puede ser que las personas hagan teatro, para causar en los otros daño.

La agresividad, hostilidad que permiten que se cuele en una cola y salirse con la suya. El miedo terrible o pánico que hace que las personas no afronten responsabilidad y que otros la afronten por ella.

Muchas emociones no se desajustan, o no son engañosas, un manipulador puede usar la expresión de emociones y sentimientos sinceros, necesarios de una persona para manipularlas y atacarlas, impide que la persona se puede expresar libremente, con necesidades de liberación emocional, de autoafirmación. A largo plazo las personas se anulan con una autoestima baja.

Lo primero que se tiene que hacer es identificar estas presiones y manipulaciones.

El proceso que se pone en marcha para engañar

Una persona que es manipuladora se ve amistosa, encantadora, algunos. Pero luego comienza a colonizar la mente del que tiene enfrente, con manipulaciones absurdas, progresa en el comportamiento y pasa a ser un tirano, admirado, respetado, temido, sin que se dé cuenta, la víctima cae en una espiral de culpa. La sensación que provoca es de intimidación, que falta libertad e inquietud. No obra sin miedo a que el resultado no sea de su agrado.

También se puede actuar con este tipo de enredos en un momento determinado, con cumplir metas, pero hay una gran diferencia entre hacerlo cada tanto y ser un profesional manipulando, entonces esto es lo que pasa cuando tienes a un manipulador cerca.

Se hace pasar por humilde, cautivador

Se suele ver es que se muestra próximo a las personas y sugerirles lo que puede ser una amenaza, causa sentimientos donde dice que solo puede confiar en mí, en nadie más. La persona manipuladora tiene que ser cautivadora, humilde, ante lo que puede parecer desde el enojo y la dominación y que no se puede manipular.

Lo otro que tiene es la habilidad para generar sentimientos de culpabilidad, mostrando desvalimiento excesivo que a lo mejor es consecuencia de falta de ayuda, la persona que manipula siente que tiene u poder que no usa con generosidad.

Muchas veces es un comportamiento que pasa en la infancia, cuando el niño se da cuenta de que puede manejar a los adultos a su antojo, ponen el chantaje emocional para la supervivencia. Debe ser rentable porque no es una actitud exclusiva de los humanos, según estudios publicados.

Uno de los estudios es del Instituto Max Planck colaborando con universidades, publican que los chimpancés también pueden mostrar una conducta similar y chantajear a los ojos si son eso logran más recompensas.

Es una forma agresiva e irrespetuosa de comunicación, con el objetivo de lograr lo que uno quiere sin tener en cuenta los deseos o necesidades de los otros, hay tres tipos de psicopatías, narcisistas, personalidades límites, antisociales. En el primer caso, la persona dentro de los delirios de grandeza, belleza y poder, actúa siendo prepotente, sin nada de empatía.

Creyendo que goza de más derechos que nadie, por su parte los antisociales manipulan de acuerdo con el temperamento impulsivo o agresivo, sin remordimientos. Donde las personalidades límite se da así, la manipulación se da en la inmadurez emocional, miedos y sensación de vacío. Pasa de la idealización extrema de la víctima a la devaluación despiadada.

Las armas que tiene con victimismo, chantaje emocional y amenaza de suicidio.

En qué áreas de la vida somos más engañados

Estos son los principales tipos de manipuladores, a pesar de los conflictos no es imposible detectar estos casos de engaño seguido.

Estas son las estrategias de manipulación que adoptan las personas manipuladoras, según la personalidad o el contexto en el que se trata de engañar a alguien.

Falsas víctimas

Hay personas manipuladoras que se escudan en situaciones desfavorecedoras que en muchos casos es ficticia. Siempre tratan de exagerar, el objetivo es claro, dar lástima.

Esta es una estrategia que apela a las partes del cerebro que se relacionan con el sistema límbico y la memoria emocional y tiene un efecto potente en la conducta de otros, es más, algunas personas no pueden evitar el ceder a lo que piden de manera directa o indirecta, los tipos manipuladores a pesar de intuir que son engañadas.

Buscadores de atención

Son personas que se ven narcisistas, la atención es un recursos preciado que se dispone para elaborar estrategias con finalidad de encontrar eso. En muchos casos las estrategas incluyen una parte de manipulación y engaño.

Se da en personas que fingen poder, que no tienen solo para una forma de destacar sin hacer mucho, que simula interés por las personas, solo para hacer que el interés se dé hacia uno mismo por parte del otro.

Este tipo de personas manipuladoras saben que para los otros es extraño, es suponer que todo lo hacen por la atención que ni se plantean, por eso es probable que sean descubiertas.

Autoridades en la materia

Es una clase de manipuladores que hacen suya la falacia de que saben todo, para poder ejercer control sobre los otros. la idea es que ellos saben mucho de algo en concreto. Por eso son líderes, saben que deben tener la última palabra en todo.

La posición moral sobre la deciden qué hacer los demás es solo una fachada que cumple la función, engañar a otros.

Manipuladores de cámara de ecos

Se trata de personas que quieren medrar a nivel social o económico, dando una figura de autoridad, se abstienen de ofrecer el punto de vista para reforzar decisiones con alguien poderoso.

Esto afecta a los otros, que ven cómo hay un equilibrio de poder claro, como a la persona que ejerce de líder, porque no puede llegar a estar informada cuando las decisiones y emociones tienen defectos.

Desprestigiadores

Si los dos son manipuladores anteriores, se fundamentan en la autoridad, con esta clase es lo contrario, se intenta dañar la posesión de alguien para no tener competencia.

Por eso, las personas pueden posicionarse sistemáticamente en contra de lo que hace la persona seleccionada, suele pasa que hablen mal de ella, no se manipula al que perjudica directamente el entorno.

Manipuladores de falso premio

Este tipo de personas se caracterizan por brindar recompensas para seguir planes. Claro, cuando llegue el momento de dar recompensa, se irán, se trata de un estilo de manipulación que se relaciona con una tarea en concreto.

Aduladores

Son personas que se desviven hablando bien de alguien para que ese crea que está en deuda con ellos y acceda a hacer lo que piden, tal como sucede con las víctimas, puede que se caiga en la trampa a pesar de ser parcialmente consciente de que se es manipulado.

Trileros argumentativos

Tiene que ver con las personas que para manipular optan por caminos de juego verbal, son afirmaciones que pasado un tiempo manipulan para que parezca que decían otra cosa, hacen las mismas cosas con los discursos de otros, de un modo que parezca que dijo otra cosa.

Es algo que sucede mucho en las discusiones, para ganar la opinión pública, por ejemplo, si una persona afirma que un candidato a gobernador no tiene estudios y otra señala que sí, el manipulador va a responder que tener un título es determinante. En este caso se juega con distracciones y con memoria de audiencia para manipular, hablando de cosas que no pasaron.

EL FUNCIONAMIENTO DE LA MENTE HUMANA

*L*a mente tiene una serie de procesos y actividades que trabajan en el desarrollo de la psiquis de una manera consciente inconsciente, en su mayoría son de carácter cognitivo. Es una facultad del cerebro que permite a las personas retener información, analizarla y sacarle conclusiones.

Se puede decir que la mente tiene responsabilidad de la creación de pensamientos, el raciocinio, entender, tener memoria, la emoción, la imaginación. Habilidades cognitivas de una persona que surge de los procesos mentales.

Es normal que haya confusión entre el cerebro la mente, el cerebro es un órgano que se halla en la cavidad craneal y tiene una serie de neuronas. La mente en cambio emerge del cerebro como resultado de su funcionamiento.

Las personas hacen las cosas por motivos personales, incluso los que ayudan

Las personas han dicho que es malo pensar solo en uno mismo. Lo dice la moral, la religión y hasta las costumbres familiares. Pensar en uno mismo está bien, pero es malo que por pensar en uno mismo se pase por encima de los otros. siempre hemos pensado en nosotros mismos incluso en las ocasiones donde ayudamos a otros, las cosas las hacemos con un fin, hasta el darles amor a nuestros seres queridos se hace a cambio de algo, esperamos que esas personas también nos den amor, así digamos que no.

L neurociencia muestra que todo es distinto, no tiene tanto que ver con la virtud, sino con las necesidades de supervivencia. La capacidad para ver más allá de uno mismo es también el rasgo de la inteligencia evolucionada, por si esto fuera poco, se comprueba que incrementa la serotonina y la sensación de felicidad.

Esto es algo que afirma Matthieu Ricard, quien es biólogo molecular francés, quien luego se hace monje budista. Él es hijo de Jean-François Revel. El filósofo famoso. Participa en una investigación sobre el cerebro llevada a cabo en Estados Unidos, luego se va a Nepal adopta el estilo de vida del lugar y quedarse allí.

Matthieu Ricard tiene claro que el egoísmo es una fuente de infelicidad, el que se esté pendiente del yo obliga a adoptar la posición paranoica sin que te des cuenta, todo el tiempo tienes que pensar en cómo mantener ese yo o en cómo exaltarlo o en hacerlo por encima de los demás.

El resultado de pensar solo en ti mismo es que te llenas de miedo, amar es romper consigo mismo, permitir que se deshaga, el egocentrismo lleva a que se hagan barreras, esto lleva a ponerte a la defensiva. Te sientes amenazado en alguna medida y también solo.

Y le das todo el tiempo la vuelta a las ideas que van en torno a ti mismo, limitas la percepción del mundo, la costumbre se hace que sea difícil que mires desde otro punto de vista y rápidamente te hace sensible.

El egoísmo te hace infeliz. Aunque el ser humano es un lobo de dos caras una es la del bloco cruel que solo piensa en sí mismo, la otra es la de un lobo en manada. ¿Cuál gana? Ese al que se alimente.

Para este monje budista, pensar solo en ti te lleva a la indolencia, además tienes que pensar que se pasa fácilmente a la crueldad. En tal sentido solo se dan pensamientos de indiferencia o de odio. Se da a los demás como una estrategia para exaltarse a uno mismo. Los demás son malos y los demás son torpes, solo uno ve la luz.

Cuando la persona queda atrapara, la sonrisa se apaga. El enfado se convierte en un estado de ánimo normal. Los otros no son fuente de felicidad, pero también de desdicha, fastidian, molestan, esos que no cumplan la función de complacer al ego. En estas condiciones, de ahí a la amargura solo hay un paso.

En el laboratorio, mientras hacía investigaciones del cerebro, Ricard comprobó que servir a los otros hace feliz a las personas. Es más, ser más solidario es un método que se aplica para levantar el ánimo a las personas que se deprimen. Con la solidaridad pasa lo contrario al egoísmo, entre más altruista se es, más se sensibiliza el mundo.

La mente y el corazón se abren para poder comprender la realidad de otro, te haces más inteligente, perceptivo. Esto permite que veas el mundo desde varios puntos de vista y enriquece el mundo emocional. Puedes hacer relaciones de más calidad. Para Matthieu Ricard el nivel más alto de solidaridad es la compasión.

El monje llama la atención sobre un hecho histórico. El mundo ha progresado a formas de compasión cada vez más elaboradas. Los derechos de las mujeres y luego la de los animales, son prueba de la evolución.

Para este monje budista comenzó una gran revolución en el mundo, la de la compasión. Esto genera condiciones para que haya mejora económica. A mediano plazo eleva a más calidad de vida y al final, alcanza la preservación del medio ambiente. Poco a poco nos damos cuenta de que la humanidad solo tiene un camino para existir: la cooperación.

Quieren que les traten como si fueran únicos

Creerse el centro del mundo, sentirse más importante que los otros, pensar en sí mismo y creer que lo que se opine y pienses vale más que lo que dicen los otros, son algunos de los rasgos de personas que se creen únicas.

Son esas personas que se proclaman a sí mismas como especiales, superiores a otros, con una arrogancia que les acarrea problemas en las relaciones sociales.

Losególatras pueden tener personalidades encantadoras, comportarse como déspotas, las relaciones familiares y de pareja se basan en ser manipuladores, aprovechados. También encuentran complicaciones para trabajar en equipo, les cuesta tener amigos, mantenerlos. Se creen especiales, no aceptan que les critiquen y menosprecian a otros.

Las personas de este tipo se sienten infalibles, se presentan como personas seguras, sobradas d autoestima. Las armas las usan como mecanismo de defensa porque en el fondo son personas solitarias, con inseguridades, por eso se sienten adulados y admirados por otros.

Los tipos de personas y sus egos

El egocéntrico parece que vive solo para él mismo, se mantiene en esa posición de superioridad, se esclaviza. Hace una clasificación donde reconoce los diversos tipos de egocéntricos, acorde a lo que quieren satisfacer y que les hace sujetos de sí mismos.

Nerón

Es la persona que practica el egocentrismo deseando por sobre todo dominar a los demás. tienen sentimiento de superioridad y de que los otros deben estar a Mercer suya, provoca que las actividades se dirigen a someter a los otros.

Destacan por ser personas que nunca piden un favor, porque la máxima que tienen es que, a pesar de esto, usa, exige y necesita de los otros para hacer cosas o conseguir metas.

Estrella

Este es el que busca que los admiren a como dé lugar. Quiere aplausos de los demás. buscan llamar la atención, por eso intentan llevar la voz cantante o una actitud que haga que las miradas se posen en él.

Cenicienta

Es una persona que busca la protección ajena. Hace el sufrimiento y el victimismo, la usa como arma para conseguir la atención de los demás, se siente digno de compasión.

Por esto nunca se hace responsable de los errores, sino que proyecta todo en los demás, los hace culpables. Siempre es la víctima, el pobre diablo al que siempre le pasa lo malo.

Tortuga

Es un tipo de ególatra que reivindica la soledad. Necesitan un mundo para despreciar, se ven como personas desarmadas, que no tienen corazón. Se protegen por un caparazón para el amor, solo quieren que les dejen en paz.

Esto no se aleja mucho de aquellos a los que se les puede englobar dentro del trastorno narcisista de la personalidad. Se caracteriza por estos criterios:

- La persona tiene un sentido inmenso de autoimportancia, exagera los logros o espera que le reconozcan como superior.
- Se preocupa por fantasías de éxito ilimitado, brillantez, poder, amor imaginario…
- Cree que es especial, único a la vez que cree que puede ser comprendido, solo se relación con otras que son especiales o de gran estatus.
- Tienen admiración desmedida y excesiva.
- Tienen una conducta pretenciosa.
- Son explotadores a nivel interpersonales, sacan provecho de los otros para sus propias metas.

- No tienen empatía.
- Tienen envidia o creen que los otros le envidia.
- Son soberbios, arrogantes.

Son esclavos de sí mismos, hay muchas formas de combatir el egocentrismo. La voluntad del ególatra es importante para poder reconducir a ser, cómo se adelanta, repercute negativamente en relaciones sociales.

Es importante que la persona se analice, que sea sincera consigo mismo. Que tome conciencia de las fortalezas y debilidades y las asuma como tal. Si no acepta ni se es consciente de lo que pasa, no habrá soluciones.

Otros pilares para vencer el egocentrismo son combatir a otros, participar, ceder en actividades altruistas y hacer deportes o juegos de equipo para valorar el trabajo y los esfuerzos de otros.

Cualidades de una persona manipuladora

Las personas manipuladoras las vemos en todos lados, en círculos de amigos, en los trabajos en los círculos cercanos. La verdad es que muchas veces no podemos identificarlas porque el comportamiento es confuso, a veces se ve como es, pero a veces no es amable ni comprensivo.

La personas manipuladoras son malas para nosotros. Porque no velan por nuestro bienestar, sino que andan con sus metas propias, sin importar lo que haya para conseguirlos. Nos comportamos de una manera manipuladora, en algún punto de la vida, pero también las personas manipuladoras hacen de este estilo un hábito, una parte sustancial del carácter.

Estos son algunos de los comportamientos comunes:

- Cambian rápido de comportamiento: seguramente te ha pasado que una persona que nunca te había siquiera mirado, ahora te mira y te deja un cumplido. Los manipuladores acuden a las acciones para levantar un poco el ego del otro.

Entonces allanan el camino para pedir algo, si una persona que no es cercana intenta convertirse en tu mejor amiga, presta atención.

- Detecta las debilidades o inseguridades que tengas. Cuando las encuentras, las usa en tu contra las veces que sea necesario.
- Son convincentes, las personas que manipulan son muy convincentes en los argumentos. Las personas son capaces de convencerte de que renuncies a los valores, objetivos e intereses con tal de servir a sus intereses.
- Son expertos en que te sientas culpable, para que sientas remordimiento, hace que una conducta tuya te haga sentir mal.
- Asume que piensas cosas, aunque no lo hayas dicho, porque te conoce bien, sabe lo que piensas. O eso es lo que dicen ellos.
- Suelen justificar el comportamiento con frases como "es que no soy el único que piensa esto", es una forma astuta de quitarse algún grado de responsabilidad y sustentar el argumento.
- Crean confrontaciones, tratan de triangular las cosas, ponen a unas personas contra otras.
- Buscan que sientas lástima por ella. es una manera de manipulación sutil, las personas suelen ponerse en el papel de víctimas, de este modo usan la empatía en tu contra, si logras que te sientas mal por ella, eres sujeto de manipulación. Evita a las personas en la medida de lo posible, si te es imposible haz acciones para no caer en el juego.
- No caigas en provocaciones, antes de creer una palabra de lo que diga, haz preguntas correctas y confirma los hechos, verifica siempre la información, crea un ambiente de transparencia para que la manipulación sea inviable.
- No reacciones, en muchas ocasiones las acciones pasivo agresivas tienen como plan generar una reacción agresiva en ti. No reacciones, actúa tranquilamente. Piensa antes de responder.

Ejemplos de manipulación

Verás a continuación una lista de trucos que las personas manipuladoras usan normalmente para coacciones a otros en una posición de desventaja. Aunque no todos los que actúan así están buscando manipularte. Hay personas que tienen hábitos pobres, en cualquier caso, es bueno que reconozcas interés y seguridad.

Ventaja territorial

Las personas que son manipuladoras pueden pedir que se reúnan o interactúen en espacios donde ellos puedan ejercer el dominio. Puede ser la oficina de estos, el coche, la casa. Donde sea que no tienes el control.

Deja que hables primero para establecer la base y tus debilidades

Muchas personas de ventas hacen esto cuando están buscando prospectos. Cuando hacen preguntas generales de sondeo, ponen líneas de base sobre el pensamiento desde el cual pueden evaluar las debilidades y fortalezas. Esto lo hacen con planes ocultos también puede pasar en lugares de trabajo o en relaciones personales.

Manipulación de hechos

Inventar excusas, mentir, ser doble cara, culpar a la víctima de causar la propia victimización, deformar la verdad, divulgar estratégicamente o retener la información clave. Usar eufemismos, mostrar un sesgo unilateral del problema.

Abrumarte con hechos y estadísticas

Hay personas que disfrutan de las bromas intelectuales, presumir que saben mucho, conocedores de áreas, aprovecharse de ti, por medio de la imposición de hechos, estadísticas y datos de los que se tiene poco conocimiento. Esto se puede dar en situaciones de ventas financieras, en discusiones y negociaciones profesionales. Es así como en argumentos sociales y relacionales, cuando se asume el poder experto sobre ti, el manipulador quiere poner cosas a favor de manera convincente, hay personas que usan esto por el simple hecho de superioridad intelectual

Abrumarte con procedimientos y burocracia

Hay personas que usan la burocracia, procedimientos, papeleos, leyes y estatutos con otros obstáculos para poder mantener la posición de poder y a la vez te hacen la vida más difícil. Es una técnica que se puede usar para retrasar la búsqueda de hecho y de la verdad, con defectos y debilidades y evadir el escrutinio.

Levantar la voz y mostrar emociones negativas

Hay personas que levantan la voz en las discusiones como una forma de manipular de manera agresiva. Suponen que si proyectan la voz lo suficientemente fuerte o muestran emociones negativas te someten a la coerción y le das lo que quieres. La voz agresiva se combina con frecuencia con un lenguaje corporal fuerte, como el estar de pie o hacer gestos exagerados para aumentar el impacto.

Sorpresas Negativas

Hay personas que usan sorpresas negativas para desequilibrarte y tener ventaja psicológica, esto puede variar desde lanzar una bola baja en una negociación, una declaración que se da de repente, de que ella o él no va a ser capaz de cumplir lo que dijo, por lo que tiene poco tiempo para prepararse y contrarrestar el movimiento. El manipulador puede pedir concesiones adicionales para seguir trabajando.

Dar poco o ningún tiempo para decidir

Esta es una táctica de ventas y negociación, donde el manipulador ejerce presión para que decidas, antes de que estés listo. Cuando se aplica la tensión y control se espera que rompas y cedas a las demandas del que agrede.

Humor negativo diseñado para tocar tus debilidades

Hay manipuladores a los que les gusta hacer comentarios llenos de críticas, normalmente disfrazados de humor negro, para que te sientas inferior, menos seguro, los ejemplos pueden incluir variedad de comentarios, que van desde el modo de vestir, apariencia, móvil actual, antecedentes, credenciales, a hacerte ver mal y conseguir que te sientas mal. El agresor espera imponer superioridad psicológica sobre ti.

Constantemente te juzga y critica para que te sientas inadecuado

Distinto al comportamiento anterior donde el humor negativo se usa como cubierta, el manipulador se molesta directamente, cuando margina, descarta o ridiculiza de manera constante. Ella o él te mantienen fuera del balance y constantemente. El agresor fomenta la impresión de que siempre hay algo mal contigo, no importa lo que lo intentes, nunca serás bueno, el manipulador se centra en lo malo sin proporcionar soluciones reales y constructivas, y ofrecer formas significativas de ayudar

La ley del hielo

Cuando no se responde deliberadamente a las llamadas, mensajes, correos y otras consultas. El manipulador ejerce poder, te hace esperar y tienes la intención de sembrar dudas e incertidumbre en la mente. La ley del hielo es una forma donde el silencio se usa como ventaja.

Fingir demencia

Esta es una clásica donde se juega al tonto, a fingir que no entiende lo que quiere, lo que se quiere hacer, hace las cosas difíciles, hay quienes usan la táctica para retrasar, detener y manipular. Para que hagan lo que ellos no quieren hacer, hay personas que usan la táctica cuando tienen algo por ocultar, obligaciones que tienen que evitar.

Culpar

Ejemplo de esto es culpar de manera irracional, yendo a los puntos débiles, haciendo responsable a otro de la felicidad, del éxito del que manipula, de la infelicidad y los fracasos.

Cuando se dirige a las debilidades emocionales y la vulnerabilidad del destinatario, el manipulador coaccione al destinatario para que ceda con las solicitudes y demandas irracionales.

Victimizarse

Hay cuestiones personales exageradas o imaginadas, problemas de salud que se exageran, dependencia, jugar al débil, al mártir. El propósito de la victimización es a menudo la de explotar la buena voluntad de los otros, el sentido del deber y la obligación o el instinto protector y de crianza, con la finalidad de ofrecer beneficios y concesiones irracionales.

Técnicas que usan los manipuladores

Los psicópatas no son solo villanos que vemos en las películas y los cuentos, caminan entre nosotros, en las oficinas a diario, parecen como personas normales. Un estudio encontró que una pequeña pero importante porción de líderes empresariales, un 4%, cumple con los parámetros de psicopatía.

Aplica lo mismo para las personas narcisistas, la ciencia muestra que tener narcisismo puede ayudar al éxito en las empresas, pero puede ser pasar un tiempo en el mundo de trabajo y descubrir profesionales dejando el amor propio les vuelva locos.

Para no ir lejos, en el transcurso de una carrera comercial, casi se garantiza que se encontrarán pocos narcisistas y psicópatas que son tóxico que tratan de abusar y manipular.

Estas son técnicas comunes que usan para obtener lo que se quiera:

Gaslighting

Luz del gas, se llama, es una táctica para describir distintas variaciones de tres palabras, esto no sucedió, lo imaginaste, o estás loco. La luz de gas es una de las técnicas manipuladoras más insidiosas que hay, funciona para distorsionar y erosionar el sentido de la realidad, te lleva a confiar en ti mismo y te hace incapaz de insultar y maltratar.

Te tienes que calmar a ti mismo, a veces escribir cosas mientras suceden, contárselo a un amigo, reiterar la experiencia a una red de apoyo, sirve para contrarrestar esto.

Proyección

Las personas tóxicas afirman que toda la maldad de lo que les rodea no es su culpa, sino la tuya. Esto se llama proyección, todos los hacen un poco, pero los narcisistas y los psicópatas lo hacen con frecuencia. La proyección es un mecanismo usado para desplazar la responsabilidad de comportamiento y rasgos negativos de una persona que lo atribuye a otra.

La solución es que no se proyecte el propio sentido o compasión en una persona tóxica y tampoco con alguna de las proyecciones de tóxicos, pero tiene la consecuencia potencial de enfrentar con mayor explotación.

Generalizaciones

Puede pasar que un compañero de trabajo no considera las ramificaciones a largo plazo de ciertas decisiones financieras. El psicópata de la oficina dice que lo llamaste un cañón suelto. Se nota que el trato podía ir al sur si ocurren las condiciones C o Y. el colega narcisista le dice al jefe que el trato era un desastre.

¿Qué pasa? No solo es que el némesis no entendió lo que dijiste, es que él o ella no tenían interés en comprender.

Los narcisistas malignos no son intelectuales, muchos son en verdad perezosos, en vez de tomarse el tiempo para considerar con cuidado una perspectiva distinta. Generalizan todo lo que dices, hace afirmaciones generales que no reconocen los matices en el argumento o que tenga en cuenta las perspectivas que se han homenajeado.

Para poderlo contrarrestar se tiene que mantener la verdad y resistir la generalización, las afirmaciones y darse cuenta de que son formas de pensamientos ilógico en blanco y negro.

Moviendo los postes de la meta

Narcisistas y sociópatas emplean mentiras conocidas como mover postes del objetivo para asegurarse de que tienen las razones para estar insatisfechos contigo. Es cuando luego de haber proporcionado las pruebas en el mundo para validar el argumento, toman acciones para cumplir los pedidos, ponen expectativas sobre los que demandan pruebas.

No juegues ese juego, válida y aprende, sé consciente de que eres suficiente y no te tienes que sentir deficiente e indigno de algún modo.

Insultos

El que hayas estado lidiando con este desde que se encontró con el matón del patio de recreo no lo hace menos destructivo.

Simplemente no lo toleran, es importancia terminar interacciones que incluyan insultos y comunicar que no la toleras. No internalices, date cuenta de que recurren a insultos y carecen de métodos de nivel.

Campañas de difamación

Cuando las personas toxicas no pueden controlar el modo en que te ves a ti mismo, comienzan a controlar cómo te ven los otros, juegan a ser mártires, mientras te etiquetan como el tóxico, una campaña de desprestigio, un ataque preventivo para sabotear la reputación y difamar el nombre.

Los verdaderos genios del mal se dividen y conquistan, enfrentan a personas o grupos unos contra otros. no dejan que tengan éxito. hay que documentar cualquier tipo de poco, asegurarse de no ceder al anzuelo y dejar que la persona lo provoque comportándose de manera negativa. Los abusadores narcisistas hacen esto todo el tiempo.

Devaluación

Ten cuidado cuando una persona parece quererle mientras denigra con agresividad a la última persona que ocupó la posición. Devalúan a los ex, con los otros. comienzan a recibir el mismo tipo de maltrato que el ex compañero del narcisista, pero la dinámica puede suceder en el ámbito profesional y personal.

Conocer el fenómeno es el primer paso para contrarrestarlo. Hay que tener cuidado con el hecho de que la forma en que una persona trata o habla a otra se puede traducir en cómo lo tratará el futuro.

Bromas agresivas

El problema no es el sentido del humor, es la intención que oculta la broma. Los narcisistas encubierto disfrutan haciendo comentarios llenos de malicia. Generalmente disfrazan las cosas con chistes, que se pueden salir con la suya diciendo cosas malas, mientras mantienen actitudes inocentes y frías. Cada que te indignas ante un insensible, hay muchas observaciones, se te acusa de no tener sentido del humor.

No hay que dejar que el abusador de la oficina llame la atención, y pienses que fue una diversión inocente.

Triangulación

Uno de los modos más inteligentes es que las personas son tóxicas, distraen la maldad y enfoca la atención en la supuesta amenaza de otro. Esto se llama triangular. A los narcisistas les encanta informar las falsedades sobre lo que otros dicen de ti. Tienes que darte cuenta de que el tercero en el drama también es manipulado, él o ella son otra víctima, no el enemigo.

Puedes hacer la triangulación inversa, conseguir apoyo de otro que no esté bajo la influencia del narcisista.

Principios de la persuasión

Robert Cialdini es conocido en el mundo por el libro de 1984 Influence, The Psychology of Persuasionuna obra que se ha convertido en libro obligado para hombres de negocios, publicistas, especialistas en marketing. En este libro hay seis principios de persuasión o de influencia. Hay que tener en cuenta esto:

Simpatía (Liking)

El principio de simpatía se traduce como afición, gusto o atracción, señala algo que a primera vista puede verse simple. Se tiene disposición para dejarse influir por personas que agradan, menos por personas que producen rechazo. Acorde al efecto halo, a las personas que se ven atractivas, que se les atribuye valores positivos como honestidad, transparencia, éxito. pero la empatía no está vinculada con la belleza, puede darse por vínculo y familiaridad cuando uno siente que el otro es como uno.

Esto se verifica en la publicidad, con la modelos bellas, como también con celebridades que tienen aceptación y simpatía de determinada audiencia. En política se puede recurrir al principio de simpatía cuando se intenta reforzar la idea de que el candidato es una persona común, preocupada por los mismos problemas que le afectan a uno.

Reciprocidad

Este es un principio que se basa en las relaciones que tienen a la reciprocidad, de tal modo que las personas tratan a otros del mismo modo en que son tratados. Si una persona trata de mantener con respeto y agrado, la respuesta será corresponder. Del mismo modo si alguien recibe un regalo o beneficio, va a sentir la necesidad de devolver el favor. Otra posibilidad es en el campo de confidencias, si alguien cuenta un secreto o algo íntimo, se está dispuesto a contar el nuestro.

La aplicación de esto en publicidad es fácil, por ejemplo, al entregar un obsequio o descuento exclusivo, la influencia de este mecanismo es mayor cuanto más se perciba el regalo como algo personal o dedicado.

Escasez

Este es el principio, donde se tiene más disposición a acercarnos a algo si notamos que esto es escaso o difícil, por eso se tiende a valorar más un ítem raro, una entrevista con una persona muy demandada.

La publicidad es el principio de escasez, se aplica en ofertas por tiempo limitado, o hasta que se agote el stock, también en servicios online a los que se puede ir solo como invitados por alguien que es usuario ya.

Autoridad

De acuerdo con el principio de autoridad tenemos más disposición a dejarnos influenciar cuando somos interpelados por una autoridad, esto no tiene nada que ver con la coacción o con el ejercicio de poder. Tiene que ver con el aura de credibilidad y de estatus que supone la autoridad. Se tiende a creer que se tiene la disposición a opinar. Es un principio que se verifica por ejemplo en la influencia de líderes de opinión que tienen sobre la opinión pública. A veces para poder hacer que una idea o producto sea aceptado, se necesita convencer a otros en este rubro. Esto se verifica cuando una celebridad recomienda usar un producto o defiende una idea. Incluso cuando lo que se promueve no tiene que ver con la actividad.

Compromiso y Coherencia

Este principio de coherencia alude al hecho de que las personas tienen disposición a aceptar la propuesta que corresponde con compromisos o afirmaciones que hacen frente a la persona que las ofrece.

Se tiende a mostrar conductas coherentes con los comportamientos previos, incluso cuando los comportamientos no fueron meditados. Esto explica el por qué, es más difícil captar a un nuevo cliente que mantener a uno que se ha obtenido.

Un modo de poner en marcha el principio es el siguiente, por ejemplo, si se desea que una persona tome la decisión impulsiva y rápida, antes de hacer la propuesta se debe intentar que la persona se defina como espontanea, aventurera o impulsiva, para que tenga disposición a aceptar.

Consenso

El principio de la prueba social es uno de los más interesantes. Se trata de un mecanismo psicológico por el cual se tiende a acomodarse a la opinión mayoritaria, estamos más dispuestos a aceptar algo si los demás lo han aceptado. También si se rechaza si los demás lo han rechazado.

Se ve mucho en publicidad, si se ve que un producto obtiene comentarios positivo en internet, seguramente se compre también, de la misma forma s se ve que una marca tiene mucho seguidores seguramente también se siga.

LOS SECRETOS DETRÁS DE LAS MANIPULACIONES

De un día para otro esa persona que nos parecía tan encantadora, ahora es alguien que nos inquieta, que se ve exigente, desagradable. Es alguien que ha empezado a manipularnos.

Cuando uno ve desde fuera las relaciones de los otros, nos es fácil identificar si una persona usa artimañas para con la otra, para manejarles la vida. Sin embargo, desde dentro del vínculo, la manipulación emocional invisible no siempre se detecta tan fácil.

La manipulación es un proceso de dos fases que comienza sin que se vea, nadie establece una relación de ningún tipo con alguien que desde el primer momento humilla, insulta, o genera molestias. El manipulador va tejiendo una tela de araña para que la otra persona vaya cayendo poco a poco.

Hay que tener en cuenta que no toda manipulación se da de manera consciente y deliberada, hay personas que por sus carencias emocionales tienen necesidad de asegurar la lealtad y dependencia de otros para con ellos. Para poderlo lograr hacen de manera inconsciente acciones manipulativas, las conductas pueden venir desde la infancia, desde que desarrollaron como mecanismo de defensa.

Muchas veces el que manipula no tiene conciencia de que lo hace. Es una persona egoísta, que persigue un solo fin, lograr los propósitos personales, paliar miedos, llenar las carencias, y para eso usa a los otros. sin duda alguna esto no tiene justificación, no resta gravedad, el daño psicológico que puede causar la contraparte abruma.

Además, las carencias de la víctima y la propia historia personal también la hacen más vulnerable a este tipo de relaciones manipuladoras. Tener baja autoestima e incapacidad para poner límites nos pone en una posición difícil donde don darnos cuenta terminamos cayendo en dependencias emocionales

Cuando se da la manipulación esta comienza por la captación, es el primer momento donde le manipulador se acerca a la víctima, despliega los encantos y cualidades, solo muestra virtudes y logros, con la finalidad de que la otra persona los perciba y así sienta que le admira. Se muestra servicial, atento, halaga a la víctima, le ofrece refuerzo constante. De manera gradual y casi sin que detecte se va volviendo indispensable, se establece un relación desequilibrada en la que primero se muestra como una persona admirable, con muchas virtudes que salen para salvar al segundo de las dificultades. Cae en las redes.

Después llega el cambio de roles, en esta etapa el manipulador siente seguridad y sabe que el otro tienen la certeza de que el otro lo necesita, por lo que comienza a quitarse la máscara, si antes se veía exitoso y feliz, ahora se ve negativo, problemático, alguien que requiere atención y apoyo.

Comienza a inundar a la otra persona con sus problemas, exigencias, requerimientos. Aparece el chantaje emocional, las amenazas son estrategias usadas frecuentemente. A su vez, los niveles de apoyo, de cariño se van al mínimo, comienza a sentir molestia en la interacción.

Sin embargo, la baja autoestima y la dependencia que han generado le impiden poner límites al manipulador. El miedo a que se enfade, le rechace o quite el cariño son mayores. De este modo se mantiene la relación de poder y control invisible, preguntando qué ha pasado para que todo cambie y sin detecta que ha pasado una manipulación.

La manipulación es un proceso, difícil de detectar en muchas ocasiones, si queremos evitar vernos envueltos en una relación de este tipo, tenemos que estar alertas. No hay que idealizar a las personas cuando alguien se vea solicito o implicado desde el primer momento.

Tenemos que trabajar la autoestima y la dependencia emocional no hay que ceder el poder a las personas, especialmente tenemos que escuchar las emociones, si una relación se ha vuelto desagradable, entonces lo mejor es salir de eso.

Las manipulaciones afectivas

Además de los nombrados anteriormente, hay otros tipos de manipuladores:

Castigo

Es cuando el manipulador amenaza directa o indirectamente, que, si no hace lo que quiere en ese momento, van a haber consecuencias, como que si no me ayudas vas a saber quién soy yo.

El autocastigo

En este caso la amenaza se dirige a decir cosas malas de sí mismo para hacer sentir culpable al otro. No sirvo para nada, no me necesitas, así que mejor me desaparezco.

Promesas

El manipulador ofrece promesas si se les acata la voluntad, pero no siempre cumplen la promesa. Si sigues conmigo prometo que voy a cambia y haré lo que sea por ti.

Silencio

Los manipuladores lo usan mucho porque supone un modo frío de mostrar enfado, en donde el otro siente que si cede va a lograr que mejore la relación entre ambos.

Victimismo

Está a la moda desde siempre. El manipulador se pone la máscara, se disfraza y muestra culpabilidad, si no vienes estaré todo el día solo y mal. Me pondré muy triste.

Niño pequeño

La persona finge que no sabe para conseguir que otros le hagan el trabajo, el papel lo interpretan alegando la llamada debilidad femenina. Pero cada vez con más frecuencia se encuentran hombres que reúnen estos perfiles. Manipuladores que ascienden en la pirámide laboral, gracias a la labor de los otros.

Elocuentes experimentados

Muchas veces no somos capaces de entender a los otros, los manipuladores hábiles dicen cosas con intención para ofender o herir, especialmente si han prometido algo que no tenían planeado. Vuelven todo contra nosotros para acusarnos de causar malentendidos. Frecuentemente renuncian a compromisos. Manipuladores pillados por el momento en el que dan la palabra.

Promesas imposibles

Recuerda que, bajo presión de otros, se apresuran a hacer promesas imposibles. El manipulador empuja a que prometas lo que quiere él para que luego explotes el sentimiento de culpa. Goza de amistad, y será doblemente difícil darle un no por respuesta. Simplemente no prometas si prometiste, cumple, piensa dos veces antes de asumir obligaciones innecesarias.

Un manipulador viviendo en cada padre

A veces es complicado darse cuenta de que los padres andan chantajeando, se convierten en manipuladores, imponen opiniones a los hijos adultos, dictan la voluntad, controlan acciones e interfieren en las vidas de personas. Tienen que aprender la opinión y no dejar que controlen la vida. No es fácil, pero resulta necesario, no olvides los intereses.

Los padres de tu pareja que ya lo saben todo

Este es uno de los más comunes, los padres creen que hacen todo por la felicidad de los hijos, muchas veces sin darse cuenta destruyen familias felices. Hay madres que no pierden oportunidad de imponer criterio sobre cómo debe ser la pareja ideal para el hijo. Para evitar el tipo de manipulaciones siempre es mejor poner los puntos sobre las í nada más comenzar la relación sobre la familia. Trata en la medida de lo posible de tener tacto, pero a la vez con firmeza, transmitir que la familia son solo tú, la pareja y los hijos.

El culpable inocente

Sin duda, cada uno en su ambiente se ha topado con una persona que cumple con este perfil, no pondera las acciones ni las palabras, reacciona al instante a las circunstancias y ante las acciones de otros, pero la impulsividad termina generándole arrepentimiento por esto, claro, quiere culpar a otros menos a sí mismo.

El manipulador intenta delegar responsabilidad de acciones hacia ti, diciendo que eres el culpable de esto. No temas decir abiertamente a esa persona la causa de su comportamiento.

Perdón, a toda costa

Las discusiones son parte de cualquier relación en la pareja, a veces, las heridas del corazón por agravios son profundas que es difícil curarlas. En este caso el manipulador opta por la vía más sencilla, comprar el perdón con dinero, manipulando sentimientos, confiando en que sientas gratitud por recibir el regalo. Pero no es un regalo, sino un soborno, si deseas expresar sentimiento y el grado de malestar, lo mejor es que renuncies a cualquier regalo.

"Será mejor así"

El manipulador intenta privarte del derecho a elegir, usando el sentido del deber y el amor por los seres queridos, controlando la vida e incluso los movimientos. Si estás envuelto en métodos de manipulación simplemente aplica el mismo truco, ofrece una alternativa que sea conveniente para todos.

La familia es lo primero

Esta es una de las maneras más comunes de manipulación en las familias, el manipulador intenta imponer la idea de que el hilo conductor en la pareja es tener un hijo. Destaca la importancia de los lazos familiares y manipula los sentimientos y quiere sustituir valores familiares por los suyos. Es importante que no piques el anzuelo, conservar el lado racional, piensa si estás preparado para los cambios importantes

Si necesitas tiempo lo dices abiertamente, no tomes decisiones apuradas sobre asuntos importantes de la vida.

Un sentido exagerado de auto-importancia

Si trabajas para un jefe manipulador en algún momento vas a ver algo parecido. Mandan a diestra y siniestra, demuestran su importancia, hacen críticas, encuentran defectos en todo, no toleran objeciones, rompen la dinámica de trabajo gritando. Para que no seas el saco de boxeo de ellos tienes que protegerte y encargarte de sus demandas y funciones laborales.

Un niño adulto

En ocasiones una persona no acepta la vida como es y los padres hacen todo lo que está en las manos por hacerla más fácil. Dando vueltas a la rueda sin pisar nunca el freno. Asumen deudas, están en do trabajos a la vez mientras los hijos adultos flotan en la inercia, manipulan sentimientos de los progenitores. La situación no beneficia ni a ti ni a tu hijo, por lo que, si te has dado cuenta de que eres manipulado, por tu hijo tan querido, muestra la sabiduría paternal de lo que quieres y da un paso importante para que comiences con la vida adulta.

El fanfarrón encubierto

La táctica de esta persona es que nos hace sentir mal o inferiores de manera encubierta. Esta persona comprende que está mal visto vanagloriarse de los logros porque a los otros los van a tacha de engreídos. Entonces adoptan estrategias sutiles. Se lamenta por los logros y nos hace sentir mal porque estamos debajo de su nivel.

El fanfarrón jamás va a decir que tenemos kilos de más, pero se quejará de que no puede entrar en la talla M, cuando nosotros usamos L o hasta XL. Es la persona que se lamenta porque no puede correr más de 30 kilómetros cuando sabe perfectamente que solo se pueden correr 5 kilómetros antes de quedarse tirados por ahí.

El fanfarrón encubierto usa la técnica en las esferas de la vida, se comparan con nosotros para hacer patente que no estamos a la altura, que tenemos que sentir mal por esto. De este modo se erige como una especie de ídolo a seguir para que nos pongamos a disposición y llenemos los deseos.

El plantador de ideas

Las personas que manipulan usan la táctica sutil de presionar con ideas socialmente aceptadas y bien vistas que estemos de acuerdo con las decisiones y puntos de vista.

Por lo general se comienzan por frases como Estoy seguro de que estarás de acuerdo con… o no puedes negar que…

Pueden decir Estarás de acuerdo con que un buen hijo tiene que cuidar a la madre cuando sea vieja y enferma. Son muchos matices y pueden variar de un caso a otro, cuando se presentan así, no tendríamos que decir que no estamos de acuerdo con lo que dicen.

Es más, la táctica de manipulación consiste en que se presenten ideas como valores aceptados socialmente, de modo que si no los compartimos nos volvemos malas personas en automático. Ni siquiera nos dan tiempo para argumentar la opinión, solo hace que nos sintamos mal que nos manipulen con la fuerza para negar las afirmaciones.

El oyente selectivo

Cuando estamos inmersos en una discusión, podeos perder la paciencia y decir cosas que nos haga sentir como que nos arrepentimos, sin embargo, la persona manipuladora se queda aferrada a eso, no vapulea con ella hasta el fin de los tiempos.

No importa lo que se diga, tampoco el contexto en el que se dice, si intentamos disculpar y reparar el daño, la persona usará el error para someternos a su voluntad, nos hará ver que nos equivocamos y somos malos.

Esta estrategia consiste en esperar a que cometamos un error, sacarlo totalmente y usarlos para manipularnos emocionalmente. La persona solo se centra en las equivocaciones porque son las que permiten alcanzar el objetivo y o que hagamos nos borrará.

El inquisidor

La persona que manipula usa la crítica directa como un arma. La táctica es hacernos sentir que no podemos llevar las riendas de la vida, que no estamos a la altura de las situaciones y necesitamos confiar en ella para que todo se encauce.

Las críticas al inicio son sutiles e indirectas, pero con el paso del tiempo son más ácidas, socava profundamente la autoestima. De este modo se impone la visión de la realidad, los valores, las reglas. Hasta el punto de que nos vemos a través de los ojos.

El inquisidor es un maestro de manipulación emocional, es todo lo que hagamos o digamos se usa en contra de lo que juzgamos y hacernos quedar mal parados.

Dominio de las emociones que se mueven cuando nos manipulan

Para poder enfrentar a un manipulador eficazmente se tiene que comprender cuáles son los puntos ciegos psicológicos. Lo que toca el manipulador y se presiona con las que nos mantenemos atrapados en la red. Para ello se tiene que comprender que las personas manipuladoras hacen leva en algunas de las siguientes vulnerabilidades:

- La enfermedad de complacer, cuando el deseo natural es complacer a otros, incluso a costa de sacrificar deseos.
- Adicción a probar y aceptar a los demás, de manera que terminemos aceptando lo que digan.
- Locus de control eterno, lo que implica que pensamos que tenemos un control nulo o escaso de la vida, de manera que somos más proclives a dejar las decisiones en manos ajenas.
- Sentido nublado de la identidad, lo que nos lleva a establecer pocos límites que los otros traspasan constantemente.
- Poca asertividad para decir que no, cuando alguien intenta presionarnos.
- Emotofobia que es el miedo a experimentar emociones negativas como la frustración, la desaprobación o la tristeza, lo que nos lleva a intentar evitar los conflictos como sea.
- Ingenuidad, el modo que es muy difícil aceptar la idea de que algunas personas son manipuladoras y astutas.
- Dependencia emocional, algo clave de personas inseguras que tienen tendencia a ser sumisos de manera que son más propensos a ser explotados y manipulados.
- Poca autoestima, la que se relaciona con sentimientos de poca autosuficiencia, baja autoconfianza, de modo que se confía en los otros fácilmente.
- Sentido del deber, responsabilidad, lo que impide que una persona corte lazos con el manipulador o que ponga límites, porque piensa que es culpa suya

Cuando se identifican los sentimientos sobre los que está haciendo palanca la persona manipuladora te puedes liberar con más facilidad de las redes porque la situación de manipulación es más evidente ante los ojos.

Sea como sea, recuerda que nadie tiene el derecho de controlarte, no dejes que te hagan sentir culpable o que juzguen las decisiones usando su propia vara de medir, puede que no seas perfecto que hayas errado, como todos, pero no quiere decir que vivas dejando que alguien mueva los hilos.

Cómo saber cuándo nos manipulan

Las personas manipuladoras sean la pareja, amigos o familiares son iguales, bueno, no siempre sin iguales, cada persona tiene su modo de ser, pero tienen la capacidad de comportarte de mala manera por muchas razones.

Lo que sí, es el comportamiento, que te hará sentir del mismo modo, desconcertado, inseguro y aislado. Veamos.

Te sientes desconcertado

La confusión es lo primero que aparece cuando eres manipulado, comienzas a dudar de tu intuición y no sientes seguridad de lo que haces es o no correcto para la relación. Esto es porque las personas manipulan deliberadamente, mandan mensajes desconcertantes que al final te confunden

Todo el tiempo que pasas de manera ansiosa y viendo cómo reaccionará la persona, incluso para cosas triviales, como si estará bien salir a comer o quedarnos en casa, o si se planean vacaciones para X mes.

No sabes cómo va a reaccionar la persona, pero sabes que a lo mejor no aprobará la mayoría de las decisiones que toes, igual, te encuentras con la atención constante.

Te sientes aislado

Las personas importantes en la vida no soportan al que manipula, también pasa que los seres queridos te aseguren que la persona les cae bien, que es agradable, perolo que no soportan es cómo tú actúas cuando estás a su lado.

Normalmente pasa con los que conoces, puedes percibir que no actúas como lo harías normalmente, de manera sumisa, irracional, como resultado te vas y te alejas de las personas que quieres.

No olvides que, aunque es importante sostener las opiniones y luchar por lo que quieres no puedes ignorar las opiniones ajenas, cuando quienes mejor se conocen opina lo mismo.

Sientes inseguridad

Dudas de las opiniones y experiencias, que dañan la autoestima de paso, a veces piensas que no mereces el amor de la persona, o peor que no mereces que te quieran, te pones con celos, lo que es alarmante si es que antes no eras celoso

La capacidad de control se vuelve débil, aunque temas haces cosas de las que te puedas arrepentir después, si tratas de hacerlas con la persona, te atreves a hacer, incluso sabiendo que es probable que seas quien termine asumiendo la responsabilidad si pasa algo malo.

Una persona que manipula no te hace sentir seguro emocionalmente y en algunos caso ni físicamente.

Si en algún momento sientes que pasa esto, tienes que huir, que esto no es parte de una relación saludable, no te hace falta.

Incluso si la cuestión es muy intensa deberías consultar a un terapeuta, el comportamiento manipulador puede cambiar, especialmente si la persona lo hace de manera inconsciente.

También puede pasar que las dos partes de la relación son manipuladoras, tienes que decidir si vale la pena esforzarse para eliminar el comportamiento manipulador, si el daño ha sido tanto que lo mejor es acabar con esa relación, lo que es claro es que este comportamiento no se debe permitir.

Cómo saber si te manipulan en una relación

En ocasiones la manipulación emocional es suficientemente completa para que la persona que es controlada sienta que es villana o que es afortunada de que la pareja les aguante. Sea que el comportamiento controlador tenga abuso, uno que lleve a ataques emocionales y físico cada vez más frecuentes.

No podemos encontrar inmersos en relaciones manipuladoras, a veces ni cuenta nos damos, contrario a lo que puede pasar que seamos consiente de ellos, pero no nos aventuramos a dar el paso para dejarla. Incluso puede que haya situaciones donde nos pongamos vendas en los ojos y de cuando en cuando dudemos de si nos encontramos en relaciones de este tipo.

Las relaciones manipuladoras sean en familia, pareja o amistades causan sentimientos malos como culpa y tristeza, también hacen el cuerpo débil y nos mete en situaciones donde afectan la personalidad.

Son controladores

Aislar a las amistades o la familia puede comenzar de un modo sutil, pero esto suele ser el primer paso para una persona controladora, a lo mejor se quejen de la frecuencia con la que hablan a los hermano o dicen que no les agrada el mejor amigo o que no debería ver a alguien. Puede que intenten volcarnos en contra de personas que normalmente confiamos y buscamos apoyo. La meta es quitarnos la red de soporte para así quitarnos la fuerza, para que sea menos probable y tengamos menos capacidad de enfrentarnos cuando quieren ganar.

Son personas que nos critican mucho, hasta por cosas pequeñas, las críticas como aislamiento, también es algo que comienza sin que se note, e más se puede acabar intentando convencernos de las críticas de la pareja, que son justas o que solo intentan convencernos de que las críticas de la pareja son para ayudar a que seamos mejores personas.

También puede causar racionalización, diciendo que no es tanto problema que no le guste el modo en que vestimos, o hablamos o decoramos o comemos. Pero al final no importa lo individual que sean las cosas, si es parte de la dinámica constante en una relación, se hace difícil sentirse aceptado, armado o valorado. Cada cosa que se hace puede mejorar a la pareja, entonces como ser valorado como un verdadero igual y recibir amor incondicional.

Hay que hacer que la aceptación sea condicional. Si sigues haciendo ejercicio y bajando de peso, serás más atractiva, si no te puedes molestar ni en preparar la comida, no sé para qué sirve esta relación.

Te verías sexy si te cuidarás más ese cabello.

Si terminas la universidad, tendrías de qué hablar con los amigos y no te sentirías excluido.

También cuentan puntos, las relaciones estables y saludables tienen un sentido de reciprocidad, es natural que las personas se cuiden y no cuenten cada que alguien pequeño o grande ayude a otro. Si la pareja quiere llevar un registro de cada interacción, sea para guardar resentimiento, exigir de vuelta o recibir una palmada en la espalda, puede ser la manera de sacar ventajas.

Se enfadan a límites inimaginables

Hay personas controladoras a las que les gusta mantener la influencia bajo el agua, muchos discuten de manera abierta a cualquier conflicto que pueda. Esto se puede volver cierto cuando la pareja es más pasiva y la persona controla, que tiene posibilidades para triunfar con cada argumento que se da, solo porque la pareja es controlada y tiene una naturaleza que evita conflictos o solo porque se cansó de pelear.

Hay personas que ponen todo el esfuerzo en ayudarte, pero otras apenas lo dicen, puedes identificar a los que manipulan porque cada acto re lo recuerda, siempre que pueden. Además, te hacen sentir que tienes la obligación de dar las gracias y si no lo haces eres el malo, que no los quieres, para ellos nunca nada es suficiente.

Olvida el recibir algo de las personas sin que te sientas obligado o con culpa, suelen ser expertos en hacerte sentir mal, a las personas que manipulan les encanta tener el poder y lo buscan por cualquier medio.

Explotan sus inseguridades

Los manipuladores sacan provecho de las inseguridades para que te controles, a veces las inseguridades ni siquiera existen, pero te convencen de que están allí para hacerte sentir pena, puede que escuches frases como:

mis parejas anteriores me han engañado tanto que prefiero que no tengas amigos del otro sexo.

Lo he pasado tan mal antes que cualquier cosa que hagas relacionada con eso causa un gran sufrimiento.

El problema con las relaciones manipuladoras es que poco a poco te alejan de quién eres realmente, las inseguridades te controlan y limitan, muchas de las veces sin que te des cuenta de todo, por eso te aislarás y te mantendrás en un punto que no quieres.

Te llenan de dudas

La mejor manera para reconocer que estás en relaciones manipuladoras es que seas sincero sobre cómo te sientes, cuando llegas al punto donde no crees en ti mismo, necesitas el reconocimiento de esa persona para sentir que haces lo que toca. Las personas manipuladoras hacen lo posible por lograr que desconfíes de ti mismo, de este modo logran tomar el control de lo que haces y piensas.

De esta manera te pueden guiar a que tomes decisiones que ellos esperan, lo ideal para ellos es que siempre busques la opinión y para lograrlo sabotean tu seguridad.

Te responsabilizan de sus emociones

Los manipuladores son irónicos en el comportamiento, por un lado, te hacen sentir que eres responsable de lo que sienten, por otra parte, buscan convencerte de que ellos tienen la razón cuando se trata de decisiones personales.

Con estas personas te sientes raro y en un mundo de caos y sienten tristeza porque haces algo que es puso allí. Si se enojan te hacen revisar el comportamiento para que descubras que hiciste o dijiste algo. La relación manipuladora desgasta porque te hace sentir que no tienes control de la vida y que eres responsable de lo negativo, se convierten en cargas emocionales.

Crees querer lo que ellos quieren

Todas las personas implican un cambio y es clave que en algún punto tomen algunas ideas o sentimientos de la otra persona y los adopta. Pero si comienzas a tomar decisiones que no te hacen feliz, solo por darte el gusto a ti y a alguien más, entonces estás en un grave problema.

Hay personas que crecen en familias donde los padres son controladores, no se dan cuenta porque es lo normal para ellos. Sin quererlo puede que en las relaciones se mantengan con el mismo rol.

Si crees que esta es la situación, te deberías preguntar:

- ¿Haces lo que quieres?
- Si tuvieras la opción de hacer cualquier cosa sin restricciones ¿Qué sería?
- ¿Eres feliz o piensas que puede haber algo mejor?

Estas son preguntas complicadas que ayudan a que descubras si estás en situaciones manipuladoras, porque si no haces lo que quieres, puedes terminar por no ser quién eres y eso te aleja de ti mismo.

No hagas cosas que te llenen de infelicidad

Si estás en una relación manipuladora a lo mejor eres infeliz, sal de ahí apenas puedas, no hacerlo te lleva a sentirte peor, en algún punto puedes perder, sal ahora, búscate a ti mismo, no será fácil y poco gratificante.

Como se ha visto hay muchas señales que indican que podemos encontrarnos inmersos en relaciones manipuladoras. Por lo que, si detectas la relación, tienes que buscar salir apenas puedas, es por tu bienestar.

Les atraen las personas fuertes

Contrario a lo que se piensa, las personas manipulan regularmente, buscan a los que son fuertes, y seguros de sí mismos para aprovecharse de ellos, porque les hace sentir superiores. Apuntar a personas vulnerables no las hace sentir poderosas, así que normalmente van por ti porque ven lo positivo que hay en ti, de la misma manera que una polilla se acerca a una llama.

Si una persona te manipula en el trabajo, a lo mejor es porque se han fijado en las habilidades y quieren ser mejores que tú. Las relaciones tienen a personas que quieren que otros sepan que alguien más grande como tú ha elegido estar con ellos, solo de una manera pueden comenzar a derribarse porque así comienzan a romper la confianza.

La poca autoestima hace que sea más probable que te quedes con un compañero controlador, porque puedes sentir que lo mereces.

Les dan vuelta a las cosas

Las personas manipuladoras son maestras del engaño, si eres el objetivo, van a haber estudiado intensamente la personalidad y conocerán los puntos fuertes y debilidades que son herramientas que necesitas para saber controlarte.

Frecuentemente te van a acusar de las mismas cosas que ellos han hecho, si te han enganchado puede que te acusen de infiel, si siempre cancelan los planes, puede ser que te digan que eres culpable por no darles libertad.

Confundir a la pareja y hacerla sentir indefensa hace que las personas manipuladoras se sientan ganadoras.

Para los manipuladores todo es juego, la única forma de salir es dejar la relación y no establecer contacto.

En los ambientes de trabajo se tiene que aprender a no hacer responsable o a esperar disculpas, cuando sepan que no se pueden irritar van a seguir el camino.

Hacen luz de gas

Este es un término que acuñaron en la película de 1933 Gaslight donde un hombre controla a la mujer al punto de hacerle perder la cabeza. Actualmente se describe cómo los manipuladores se imponen a otros y les hace sentir que se vuelven locos.

Los manipuladores mienten e inventan cosas que nunca pasaron, pero lo dicen de un modo convincente para que las víctimas terminen creyéndoles.

Pasa muy lentamente, primero con una mentira aquí, luego otra allá. De modo que no choque con la víctima y que sea muy difícil despertar después.

Te hacen dudar de tus convicciones

Más allá de la luz de gas, está lo que se llama en inglés Perspecticide, la incapacidad de saber lo que se sabe realmente, lo que pasa cuando una persona manipuladora hace creer a alguien muchas veces, que no son ciertas, que la víctima ya no sabe lo que es real.

Cuando pasa esto, la pareja víctima es prisionera de su vida, no puede hacer nada, ni pensar por sí misma, quien la controla puede terminar con sus recursos, como el dinero, transporte, teléfono para asegurarse de que la víctima no puede hacer nada por sí misma.

A la larga, el que controla termina dominando espacios personales como creencias, religiones, porque la víctima vive llena de miedo todo el tiempo, porque no hace lo correcto.

La unión es traumática

Desde fuera la gente puede comprender las relaciones de abuso, para preguntarse cómo la víctima aguanta en esa situación tanto tiempo, una de las respuestas es la unión traumática.

Las personas que manipulan son abusivas sienten a ser crueles con las parejas y las insultan, a veces son violentas, sin embargo, no comienzan de esta manera cuando buscan acercarse a la víctima.

Los manipuladores dan a sus parejas periodos intermitentes de amor para que estén contentos, esos momentos se dan cuando la pareja se ha comportado o ha hecho algo correcto, es un modo de condicionarlos, la víctima se hace biológicamente adicta a ellos.

Cuando buscan algo que quieren, la conexión con alguien que juega al gato y a ratón, entonces el cuerpo de verdad se vuelve dependiente de tener esa aprobación.

Pero… antes no había violencia

Una de las peores cosas que puede decir una persona que vive en una relación dañina y tóxica es, pero no me pegaba. El abuso psicológico es nocivo

Una de las peores cosas que puede decir una persona que vive en malas relaciones es que "antes no me pegaba"

El abuso psicológico es malo, como el abuso físico, pero es más difícil de identificar, porque no hay cicatrices. Tristemente las personas manipuladoras son conscientes de esto y lo usan a su favor.

Una de las peores cosas que puede decir una persona que vive en una relación dañina y tóxica es: "pero no me pegaba".

Ellos saben que la violencia es el punto de ruptura para muchas parejas, por lo que abusarán y controlarán a la pareja en todos los sentidos pero sin llegar allí. cuando la gente dice que no pegaba, lo que a menudo quiere decir que dejarían que la relación tuviera violencia.

Te rogarán porque no los dejes

A los manipuladores no les gusta perder, si das un paso atrás o dejas la relación, te pedirán que no los dejen, te van a rogar a ver si sacan algo de ti.

Puede que te digan cómo cambiar o cómo nunca encontrar a nadie que te quiera como ellos. Todas las promesas están huecas y no interesa volver con ellos por miedo.

LOS SECRETOS DE LA
MANIPULACIÓN

Conoce todos los secretos de la manipulación para que caigas bien a los demás y puedas impactar y lograr tus cometidos.

Un discurso convincente

El discurso persuasivo es una manera de comunicarse donde se convence al público para que esté de acuerdo con el argumento, esto lo motiva a tomar medidas para hacerlo. los mejores discursos incluyen temas que son sugerentes e interesantes tanto para tu persona como para los demás.

Cuando preparas un discurso que persuada tienes que tener presente estos consejos para que lo hagas centrado en la meta y así ser convincente.

Ten presente lo objetivos finales

La meta de un discurso persuasivo es que involucres a la audiencia que los convenzas de creer en lo que crees.

Debes mantener el objetivo en la mente a lo largo de la presentación y asegurarte de que la elección de palabras y hechos respalda el argumento. Un consejo que te doy en esto es que te mantengas enfocado, que evites pasar mucho tiempo en la historia de fondo y en cualquier cosa que se puede tomar como queja, la audiencia necesita saber por qué deberían ponerse del lado del argumento. Si mencionas algo malo, no les informes de ello, o te quejes de eso, si no da muestras de valores que les haga cambiar y tomar medidas para solucionar los problemas

Habla con la audiencia

Conoce a la audiencia con la que conversarás, el material tiene que ser en un formato que pueda hablarles directamente, si la audiencia sabe poco sobre el discurso, usa un formato de solución de problemas para que primero informes a la audiencia de un problema, y luego muestres la solución válida, esto es también poniendo citas creibles para que influya en el argumento.

Usa un lenguaje persuasivo

La elección de palabras es un elemento muy importante en el discurso persuasivo, con la finalidad de convencer a la audiencia de que se ponga del lado del argumento, tiene que transmitir confianza y evocar emociones. Algunos tipos de lenguaje incluyen.

- Opiniones de expertos.
- Anécdotas
- Apelaciones
- Exageraciones
- Connotaciones retoricas
- Aliteraciones.

Apoya el mensaje con imágenes

Puedes usar las palabras como lo desees para articular los argumentos, pero una imagen poderosa puede evocar emociones fuertes y cambiar la mentalidad de una persona en un momento. Por eso te tienes que asegurar de que pongas un elemento visual en el discurso persuasivo. Entrelaza imágenes con el contenido y así generas en las personas un impacto. Esto es clave en el discurso persuasivo, porque haces que las personas se sientan cómodas y les pones a trabajar los otros sentidos cuando ven las imágenes.

Ten credibilidad en la apertura

Tienes que hacer que te vean como una fuente de confianza lo antes posible, entre más ganes confianza más fácil va a ser que ellos validen los puntos. Puedes crea credibilidad por medio de narración de historias, puedes usar la instancia especifica donde se dio una situación o poner ejemplos con personas en un nivel emocional.

Practica lo más que puedas

Entre más lo practiques, más cómodo te vas a sentir, más confianza tendrás, debes practicar con familiares y amigos, pedir que te proporcionen comentarios constructivos de las áreas que se pueden mejorar, si quieres practicar solo, considera grabarte o dar un discurso ante el espejo.

Las mejores ideas se dan con algo interesante para los oradores. El entusiasmo natural por el tema ayuda a conquistar la audiencia con los argumentos, elige temas que se acerquen al corazón y así podrás materializar las ideas.

Colocar ideas en la mente de las personas

Seguramente un vendedor te ha puesto ideas en la cabeza, y has decidido comprar el producto que venden. Por instinto hiciste algo o decidiste lo que parecía fuera de lugar. Has tenido en esos momentos ideas sembradas en la mente. Aquí aprenderás cómo hacerlo con otras personas.

Seguramente has visto la película de Leonardo DiCaprio *Inception,* podrías pensar que poner ideas en los demás es algo difícil, pero no, es muy sencillo, demasiado y es difícil de evitar. Echemos un vistazo a algunas formas en las que esto puede funcionar.

Muchas personas preguntan cómo hacer algo así en condiciones puntuales. Hay situaciones legitimas, otras no. La idea es que aprendas a detectar esto y que lo uses con fines positivos, no con malas intenciones.

La psicología inversa de verdad funciona

La psicología inversa se ha convertido en un cliché inmenso, este alcanzó su cenit en 1995, con el lanzamiento de Jumanji, la película de Robin Williams, el problema es que muchas personas ven la psicología inversa de manera simple. Por ejemplo, dicen que no les importa arriesgar la vida saltando de un acción, para intentar convencer a otro de que salte. Esto no es psicología inversa, es pasivo agresivo, entonces dejemos todo esto atrás, comencemos de nuevo.

Si vas a usar inversiones lógicas, debes ser sutil, por ejemplo, quieres que tu hijo lave los platos de la cena, puedes usar el enfoque directo:

Hijo, ¿podrías lavar los platos? Te toca.

Pero en este ejemplo asumimos que el hijo es medio flojo y que el enfoque directo no va a servir, entonces toca aplicarla de otro modo:

Hijo, he decidido que ya no quiero lavar los platos, comenzaré a comprar platos desechables, como los de la fiesta ¿qué te parece? Tomaré algo de tu mesada para comprar unos especiales para ti.

Con este enfoque planteas una alternativa terrible a no lavar los platos sin echarle la culpa. En vez de preocuparte por acusar, el hijo tendrá que considerar la alternativa y es así como la psicología inversa actúa. Claro, tienes que verte que hablas en serio.

Rodea la idea en vez de hablar de ella

Hacer que una persona quiera hacer algo puede ser complejo, si ya sabes que no quiere hacerlo, por lo que tienes que hacerle creer que fue tu idea, esta es una instrucción sencilla, especialmente para los que venden, pero es más fácil decirlo que hacerlo. plantar ideas es similar a crear acertijos, poco a poco ofreces a la persona una serie de pistas hasta que llegas al plan obvio que quieres. La clave aquí es que seas paciente, porque si te pones en marcha rápido podrás hacer que forme la idea naturalmente.

Vamos a suponer que intentas que el amigo coma cosas más sanas. Es un buen plan, pero tienes una víctima difícil, es adicta a comer pollo frito, y necesita comerse uno entero al menos tres veces a la semana. Entonces te preocupas, le pides que coma más saludable, entonces hay dos opciones, te da la razón, pero no hace nada para remediarlo o simplemente te pide que dejes de molestar. Para que se dé cuenta de lo que hace con el cuerpo, necesita una epifanía, puedes lograrla alrededor del problema.

Para hacer esto tienes que ser inteligente, sutil, de lo contrario será obvio. No puedes decir que leíste hoy que el pollo frito mata a 3 millones de personas al mes, porque es algo tonto, viene con una motivación muy obvia para decirlo.

Si la meta es el pollo tienes que hacer que el pollo parezca poco atractivo, la próxima vez que estornudes haz una broma sobre la gripe aviar. Cuando vayan a un restaurante los dos, comunica verbalmente la decisión de pedir algo que no sea pollo porque sabes que es procesado y no quieres eso en el cuerpo. Cuando hayas hecho varias cosas de esas y con espacio de tiempo como para que no sienta que es una intención tuya, puedes comenzar a ser más agresivo y dejas de ir con esta persona a comprar el pollo, puede también tomar medidas proactivas para mejor la salud propia y decirle a esta persona lo que haces, lo mucho que te funciona. Luego de unas semanas, si esta persona no ha decidido reconsiderar la opinión sobre el pollo frito, lo puedes mencionar por casualidad, esta persona va a tener una disposición más abierta a tener una discusión real.

Vende a la baja

Una de las manera más fáciles y efectivas es sembrar una idea en la mente de una persona. Es como con la psicología inversa, pero a un nivel menos agresivo. Pongamos por ejemplo que intentas vender un disco duro de 500 GB o un terabyte, quieres vender el disco duro más grande porque es más caro, es más ganancia. El comprador entra con la idea de que quiere gastar menos, entonces no lograrás mucho si le dices que pague más por el de un tera, entones lo que tienes que hacer es irte por su lado y hablar sobre la economía. Veamos un ejemplo:

- ¿Me puedes hablar de este disco duro de 500 GB? Necesito que me sirva.
- ¿Qué tipo de ordenador tienes? ¿Para qué lo usarás?
- Tengo un ordenador portátil que compré hace dos años, lo necesito para guardar fotos, tengo unas 50 GB de imágenes.
- 500 GB es más que suficiente para que guardes las fotos, por lo que siempre y cuando no tengas más programas pesados, pues llena la expectativa.

Esa frase final le mete dudas al comprador, quien se pondrá a pensar en los programas, los documentos y si pondrá o no más fotos. Entonces quiere comprar y que se lleve el disco que le dure un tiempo lleno. La idea es que si parece tener mejores intereses entonces podrá comprar más después.

Una vez más aprovechemos el espacio para recordar que plantar ideas en los otros no es algo bueno, deberías usar esto que te conté para que detectes cuando intenten manipularte a ti.

El lenguaje no verbal

La comunicación no verbal es un proceso de comunicación que se usa para pasar mensajes por medio de gestos, indicios o signos, o sea, sin palabras, al contrario que con la comunicación verbal, que es con gestos, lenguaje corporal, expresiones faciales, recursos que se usan a veces.

La comunicación no verbal se da con varias funciones en el proceso de socializar.

- Define la identidad.

- Demuestra el grado de capacidad que tenemos para relacionarnos.
- Ayuda a acotar y comprender los mensajes sin que se use le lenguaje.
- Transmite emociones y sentimientos
- Influye en las demás personas y en nosotros mismos.

Canales de la comunicación no verbal

Cuando tenemos claro lo que es y las características de la comunicación, conviene conocer los distintos canales que usan los tipos de comunicación no verbal, estos son algunos de ellos:

- **Expresiones faciales:** son el termómetro más claro que muestra las emociones que se sienten y dónde comunican, alegrías, sin palabras, sorpresa, tristeza, miedo, ira, desprecio, asco.
- **Gestos:** son uno de los canales no verbal con más fuerza, son los que van de la mano con el discurso verbal, de los gestos emblemáticos que tienen sentido por sí solos y los gestos que regulan o dan afecto, que ayudan a dirigir la interpretación o transmitir pensamientos y sentimientos.
- **Posturas:** la exposición y la orientación del torso pueden demostrar el grado de interés y apertura a los otros, además las posturas indican el estado emocional y a la vez influye en el estado de ánimo.
- **Apariencia:** nos informa de la edad, el sexo, origen, cultura, condición socioeconómica, etc. de una persona. Es de los canales con más influencia en el lenguaje no verbal.

Técnicas para manipular con el lenguaje corporal

Ahora que conoces lo que es el lenguaje corporal, vamos a cerrar con unas técnicas para que aprendas a manipular sin necesidad de emitir palabras.

Cerrar a alguien con el lenguaje corporal

Por ejemplo, si están cuatro personas ve cerrando a esta persona de tal modo que le des la espalda o que otro se lo dé. De inmediato lo sacas del grupo.

Dar la espalda a alguien para que le quites importancia

Es parecido al anterior, pero lo puedes hacer en conversaciones de por ejemplo tres personas, si hablan tres, cuando alguien hable le das la espalda mira a otro lado, habla con otra persona, así le quitas importancia, cuando le das la espalda a alguien, piensa que le quitas importancia y si eso ven los demás, le quitan importancia también. Esto tienes que hacerlo sutilmente para que no parezcas mal educado.

Desviar el lenguaje corporal a otro lado

Cuando esa persona no te interesa, te aburre, o le quieres quitar importancia. Cuando hables con la persona, si diriges el lenguaje corporal a otro lado, le quitas importancia, le dices que no le interesa lo que dices, es de una manera educada que no captas, el inconsciente sí lo detecta.

Si deseas terminar una conversación, le puedes retirar el lenguaje no verbal.

Sonreír

Cuando le quieras caer bien a una persona, haz esta prueba, entra a un bar y di:

Hola, ¿podrías darme un café con leche?

Al principio si no estás acostumbrado a sonreír, te sentirás un poco tonto, acostumbra a sonreír, especialmente cuando vayas a sitios públicos, por el simple hecho de sonreír, haces que alguien te replique la sonrisa o te tome como alguien más simpático y fuerzas a que caigas bien.

Mirada profunda

La mirada profunda sirve para influir, incluso para seducir, cuando alguien te hable y quieres que se explaye y conecte contigo, tienes que mostrarte con mucha atención en la persona. Eso la persona lo ve, genera más conexión contigo, y te llevarás mucho mejor que si desvías la mirada o hablas y no miras bien perderás la atención de la persona y sentirá que no te importa lo que dice.

Cuando quieran explicarte más

Si quieres tener más poder o ser más interesante, puedes poner el lenguaje corporal para atrás, o sea, ponerte más recostado. Eso hará que la persona se vuelque más hacia ti, eso es que la persona intenta ganarte, y ella te ve y se auto convence.

Esto no hace milagros, si a alguien no le caes bien, no se va a volcar, pero si ves que a alguien te habla, está interesado o incluso puedes provocar que esté interesado, mientras te vas para atrás, verás que la persona te sigue yendo hacia adelante.

Puedes también hablar flojo para hacer que esa persona se acerque y así genera más proximidad. Esto lo debes hacer paulatinamente, hazlo normal y cada vez más despacio, para que obligues a la persona a hablar más.

Cómo dominar conversaciones

Para que vendas es clave que establezcas conversaciones con los clientes potenciales. El problema es que normalmente pensamos que para poder establecer conversaciones con alguien tenemos que ser especiales. Poder contar historias increíbles, ser muy carismáticos, divertidos, guapos, como Henry Cavill o Scarlett Johansson.

La verdad es que para dominar el arte de la conversación no depende para nada de esto.

El secreto para una buena conversa

El secreto para mantener una buena conversación no eres tú, es la persona con la que habas. Cuando estableces una conversación con una persona es clave que consigas que te cuente la historia, que te cuente la tuya, de este modo conseguirás que la persona con la que hablas sea el sujeto de la conversación.

A mucha de la gente le gusta que alguien le escuche, será más fácil que la conversación fluya y que el otro sea escuchado.

Muestra interés real

Los estudios sugieren que tenemos la capacidad para detectar el interés, de alguien en solo 17 milisegundos, lo que quiere decir que conseguir que el otro hable no es suficiente. Tienes que mostrar interés por lo que dice.

El interlocutor tiene que percibir lo que te cuenta para poderlo lograr es clave que uses correctamente el lenguaje corporal y el contacto visual, ser un buen escuchador ayudará a que mejores la calidad de las conversaciones.

Usa el lenguaje corporal, el humor y el contacto visual

Cuando estableces conversaciones con las personas tienes que evitar asentir muchas veces, usar demasiado Ajam… síes, umms…

Muchas veces el lenguaje corporal del espejo, si lo usas de manera sutil, puede ser útil, es simplemente que imites algunos gestos del interlocutor para que se sienta más confortable hablando con alguien que es como él.

Finalmente, el humor, que rían es una forma de generar lazos y empatía con el otro.

Trucos para dominar el arte de la conversación

Estos son los más importantes que tienes que tener en cuenta:

- Haz que la otra persona sea el sujeto de la conversación.
- Expresa opiniones, las certezas pueden ser aburridas.
- Mantén siempre la pelota en tu terreno, a la gente le encanta hablar de sí misma.
- Usa el lenguaje corporal de espejo, hazle sentir que estás a su lado.
- Haz preguntas con final abierto, para que hable.
- Escucha de manera activa, evita muchas afirmaciones con la cabeza.
- Dale la atención
- El humor es clave.

Aprecia a la persona con la que hablas, el mundo tiene muchas personas subestimadas, sin que hagas mucho. Les haces sentir bien.

La estrategias que acabas de ver en este apartado no garantizarán que tengas una venta, pero si una conversación de calidad, algo que es un gran paso inicial.

Además, es un arte que puedes usar en otros aspectos, para que logres la mejor barra de pan cuando vayas a la panadería, una de las mejores condiciones cuando vayas al banco, un mejor precio con el mecánico o lo mejor cuando vayas de fiesta.

Cómo dominar conversaciones difíciles

De vez en cuando tenemos que enfrentar conversaciones difíciles, aunque no queramos, muchos buscan evitarlas, como si se fuera a ir el problema, pero eso no es así. Es más, muchas veces el posponer agrava las cosas.

No se tiene que tener miedo a las conversaciones difíciles, hay muchas formas de enfrentarlas, incluso se pueden dominar para evitar hacer drama con ellas y lograr lo que se quiere, conversación eficaz. Veamos cómo se hace.

Para empezar, se tiene que parar la idea esa de la conversación difícil, cuando lo hacemos anticipamos que tendremos problemas, entonces le paso previo es que nos centremos en ver las cosas con perspectiva, para que estemos atentos a las señales del interlocutor para gestionar los cambios y las emociones.

Escucha sin anteponer los sentimientos

Las personas necesitan ser escuchadas, por eso no solo se tienen que mostrar atentos a escuchar, sino que todo el cuerpo tiene que demostrar que escucha, además la escucha es una condición clave en la comunicación. Si la otra persona percibe la tensión o ansiedad, va a reaccionar manera negativa u no estará dispuesta a escuchar, si al contrario te muestras alentador, calmado o incluso compasivo la otra persona verá fácil calmarse.

Una conversación por difícil que pueda ser, no es una lucha, no hay quienes ganen o pierdan, por eso si quieres sacar algo en claro, tienes que ser calmado, cuando el otro manifieste señales de cambios emocionales.

Las conversaciones difíciles se transforman en eficaces si se pone en marcha la escucha activa.

No antepongas sentimientos, aunque te hayan herido.

Por otra parte, es importante que no antepongas los sentimientos, el otro necesita sentirse validado, saber que los sentimientos importan, necesita saber qué crees en él, incluso a pesar de las acciones y el daño que haya hecho.

Por eso antes que nada cuando quede claro el propósito de la conversación te tienes que interesar por los pensamientos y los sentimientos del otro. Los aceptas antes de seguir, sin que juzgues o eches nada en casa, luego expones las ideas y los sentimientos.

Aprende a interpretar y manejar las señales de cambio emocional. Ante las conversaciones difíciles muchas personas se bloquean, esto causa que se pongan más nerviosas, y que la conversación no termine bien, pero si estás atento y ves los cambios puedes ayudar a que se mantenga la calma y la conversación bajo control.

Si notas un cambio en el tono de voz, como hablar más bajo o acelerado, puedes decirlo a la otra persona. Ahora, también puedes optar por no notificarlo, pero ten en cuenta el significado. A menudo en la mitad de una conversación, las personas cambian la manera en la que hablan, justo antes de decir que es clave para ellos, esto es porque temen lo que pueda pasar, o porque sienten que un problema les impide avanzar.

Otra señal que puedes ver es la risa nerviosa algunas personas se ríen cuando se sienten incómodas o con vergüenza. No se burlan, nada de eso, es más parecido a cuando lloramos de alegría. La risa nerviosa es malestar, es señal que abre la puerta para preguntar al otro cómo se siente e identificar un punto de partida partiendo del cuál se sigue adelante positivamente.

Es un tipo de risa que puede indicar que la persona busca escapar a un sentimiento, por eso es importante que se exprese lo que inquieta o necesita para superar el bloqueo.

Otra de las señales de cambio es la modificación del patrón de contacto visual, la mirada indica que el otro tiene que tomarse un descanso. Si dirige la mirada a otro lado o la mantiene fríamente puede ser que la conversación tiene algo clave. Es el momento de pedir al otro con interés y sin agresividad que comparta el punto de vista, escuchar sin interrupciones ni juicios.

Si notas que la otra persona usa mucho el "pero" es señal de que está a punto de decir algo que le da miedo, pero no sabe cómo soltarlo, esos peros los puedes usar para que le ayudes a terminar.

Es bueno para ambos gestionar conversaciones difíciles. Si quieres entender algo sacar conclusiones o plantear alterativas, tienes que llevar por el sendero correcto la conversación difícil.

No es que tengas razón, ni que demuestras nada al otro, es más, ante este tipo de conversaciones, no hay peor enfoque posible. No hagas nada y pierdes mucho. Si no quieres cerrarte puertas puedes abrir la mente y dejar a un lado los rencores, la ira y la rabia.

Piensa que quieres con esta conversación difícil y se lo dices a la otra persona, es clave que sepan a dónde quieren llegar.

Cómo convencer a las personas

- Comunica siempre en el momento adecuado, es mejor que comuniques en un momento en el que sabes que tienes la atención de la persona.
- No seas directo, comienza hablando genérico, tranquilo, haciendo que comience a dar la conversación fluida y tranquila.
- Ten una actitud valorativa, si quieres que el otro haga algo, no lo critiques, condenes o hagas juicios de valor sobre lo que hace mal.
- Cuando vayas a pedir algo lo tienes que hacer con convicción, dile "Pedro, permite que te explique por qué me importa tanto esto", "María, quiero que sepas la importancia que tiene todo esto", "Carlos, antes de que comencemos a hablar más en detalle de esto, quiero explicarte…".
- Pide y sé claro y directo, muchas veces no conseguimos los resultados que queremos porque no hemos determinado el objetivo. Entonces necesitas ayuda en algo, que lo que hagas sea por medio de unas personas entonces tienes que decirlo claramente.
- Habla en plural, incluyendo a la otra persona, el nombre es la palabra más dulce que hay, úsalo en conversaciones al inicio o final.
- Ten un comportamiento colaborativo, una actitud que sirva para que ganemos, donde saquemos algo importante de lo que se va a hacer.
- Para que una persona dé, tiene que haber recibido también. La generosidad es clave, el que siembra recoge, no hay otra.
- Fija metas, objetivos, luego de negociar un poco, tienes que ponerle fecha y acciones al acuerdo. Muchos acuerdos se quedan con buenas intenciones no en objetivos claros, así que

te tienes que fijar metas, algo que sea visible, medible, chequeable.

- No olvides los pasos básicos en las negociaciones, cede un poco a veces, mantén actitud profesional, especialmente no te pongas en contra del otro, a veces no estará dispuesto a bajar el muro, pero dale tiempo.

Retórica

Por siglos fue elemental en el sistema educativo, el empleo sirvió para la democracia griega y consolidó la paz y la guerra, quitó, puso a emperadores y tiranos, expandió creencias religiosas y se puede decir que, aunque se crea que no existe ya, aún sigue vigente y se aplica adaptada a nuestros tiempos.

Es ese control en las sombras, donde los grandes medios aún tratan la retórica y la usan para sus fines.

Se puede definir la retórica como la disciplina que estudia y sistematiza los procedimientos y técnicas de uso del lenguaje, con el fin de poder persuadir y deleitar estéticamente.

Los abogados la usan para ganar juicios, los políticos la usan para tratar que les demos los votos, para convencernos de que son buenos y nos ayudará.

La publicidad la usa para vendernos tantas cosas que luego ni usamos.

Por eso es importante conocer la retórica para saber cuándo usarla y para que las personas hagan lo que queremos.

La retórica surge en el siglo V antes de Cristo, los tiranos de Siracusa, Grecia, expropiaron masivamente terrenos en favor de los soldados mercenarios. Cuando derrocan al tirano e instalan la democracia se llevan a cabo muchos procesos para la devolución de las tierras ante tribunales públicos, aunque las personas sabían defenderse de manera instintiva de manera innata y reclamaban sus bienes, pronto se dan cuenta de que era una manera efectiva de que alguien se creyera los argumentos.

Es cuando Córax de Siracusa codifica el conocimiento y crea una especie de manual para hablar ante los tribunales con garantía de las fuentes clásicas que afirman que el padre de la retórica sería Empédocles de Agrigento, sería el Córax quien expandiría el conocimiento y otros conocimientos griegos que explotaron el arte con Sócrates y Platón que se centra en la búsqueda de la verdad y emplea también la dialéctica. Sería Aristóteles quien escribiría el gran trabajo, un manual a seguir que se divide en cuatro partes:

- Invención.
- Disposición
- Locución
- Acción.

Después vino el auge e Roma con Cicerón o con el propio Quintiliano en el siglo primero que le agrega una quinta parte: la Memoria.

Veamos con detalle cada una de estas partes de la invención que etimológicamente significa hallar en vez de intentar como podría parecer es la parte donde se crean las ideas, se buscan pruebas y los argumentos existentes sobre lo que se va a tratar, descarta lo que no es propicio, una vez que se tienen las ideas, la siguiente fase es la retórica, la disposición para decir y darle forma al discurso ordenado de una manera eficaz los argumentos y las pruebas, la disposición de los dispositivos que se organiza con tres partes, un exordio o parte inicial que es la introducción para buscar captar la atención de las personas.

Sigue la parte media que es una ratio, se narra o expone la tesis principal del asunto del orador con su argumentación y al final una recapitulación con un poco de provocación para captar la atención de los presentes.

Puedes provocar compasión, indignación, empleando recursos patéticos como la enfermedad o la alusión a la fortuna.

La otra parte es la elocución o en lo que es la etapa donde se agrega estilo de la expresión, el estilo tiene cuatro cualidades, corrección léxica, gramatical, claridad, elegancia y decoro.

Es donde cobra importancia las figuras retóricas que aportan belleza y persuasión al discurso de un modo que tenemos un video expresamente dedicado a las figuras retoricas que puedes verlas por completo, la otra parte es la memorización para poder aplicarlo de un modo oral ante las personas.

Finalmente tenemos la parte oratoria, donde se entra en juego con el tono de gestualidad o modulación de la voz. los géneros clásicos de la retórica son el género judicial, que tiene la finalidad de juzgar lo justo e injusto, ante tribunales con el fin de decidir entre lo útil y lo nocivo, en asuntos de gobierno, como el iniciar una guerra o aumentar los impuestos, y el género epiléptico que se propone valorar lo bello y feo con el elogio o reprobación de algún acto o de una persona.

Después en la edad media, los teóricos agregan otros géneros como la escritura epistolar, las cartas, sermones o las artes poéticas de hacer tratados.

Técnicas de manipulación para encantar al otro

Algunas maniobras permiten que tengas una relación con una persona desconocida. Ganarse la confianza, lograr que sienta comodidad. Este apartado se inspira en algo que compartió el FBI para caer bien a otros. los agentes usan estrategias para lograr crear enlaces con testigos, un delincuente o hasta un potencial asesino, se trata de lograr una declaración, de que el interrogatorio se convierta en una charla entre pares.

Hay mecanismos que ayudan a crear conexiones cercanas con los interlocutores, secretos que no solo son útiles para el FBI sino para las relaciones humanas en general.

No juzgar al otro

Hacer preguntas, oír, explorar lo que piensa, lo que opina, saber lo más recóndito de las personas, pero sin juzgar, más allá de lo que contradigan en nuestros pareceres.

La primera estrategia que se tiene que tener cuando se habla con los demás es validar los juicios, la gente no quiere que la juzguen, no quiere que le miren mal sus pensamientos y opiniones, eso no quiere decir que estés de acuerdo, la validación es que tomes el tiempo para entender las necesidades, deseos, sueños y aspiraciones.

Suspender su propio ego

Muchas personas se desesperan por señalar cuando el otro se equivoca, para de esta manera responder con su sapiencia, aunque no es una actitud que convenga usar, la suspensión del ego consiste en poner las necesidades propias, los deseos y opiniones a un lado.

Cómo ser un buen oyente

Saber escuchar es una de las habilidades vitales a la hora de crear conexiones de confianza con los desconocidos. De acuerdo a agentes del FBI, tienes que dejar de pensar en lo que dirá a continuación para enfocarte en lo que expresa la otra persona. Cuando piensas en la respuesta, escuchas a medias lo que dice porque estás esperando la oportunidad de contar la historia.

La mejor pregunta para hacer

Mostrar interés por las actividades que hacen otros es un modo de que se sientan importantes. Todo el mundo tiene desafíos, hace que la gente comparta las prioridades en la vida en ese momento.

Todo el mundo tiene desafíos, hace que la gente comparta las prioridades de la vida, un pedido sincero de un consejo cuando la charla avanza puede ser útil para fortalecer el vínculo inicial.

Cómo acercarse a un desconocido sin asustarlo

La clave es que expreses que se dispone de poco tiempo, cuando la gente piensa que te vas pronto, se relajan, si te sientas junto a alguien en un bar y dices:

Hola, ¿puedo invitarte una copa? Los escudos se elevan. Piensan en quién serás, qué querrás y cuándo te irás.

Por eso tienes que responder cuándo te vas en los primeros segundos.

El lenguaje corporal ideal

Las palabras que digas tienen que ser positivas, libres de egos, pero necesitas un lenguaje no verbal que lo acompañe.

- Sonríe, es la mejor forma de generar confianza.
- Cuando hables, mantén la barbilla en un ángulo hacia abajo para que el otro no sienta que le miras por encima.
- No intimides, no hables de frente, es recomendable que estés inclinado hacia la posición.
- Mantén las palmas arriba mientras hablas así muestras la apertura a las ideas.
- La comprensión de los labios y cejas trasmiten estrés, el consejo es que arquees las cejas, porque es muestra de interés hacia lo que dice el otro.

Cómo tratar con alguien en quien no se confía

Tienes que preguntar de manera directa no hostil cuáles son los objetivos de la charla, siempre tratando de aclarar los objetivos. Le puedes decir a la persona que te lanza muchas buenas palabras, que es una persona hábil en lo que hace, pero no le interesa. Le preguntas que cuál es su objetivo

Control de la conversación

Esta es la manera en la que puedes manejar la conversación:

Céntrate en ella

Si hablas con una persona, céntrate en eso, así tengas mil cosas en la cabeza, la conversación no interesa por el motivo que sea, no la tenga. Así de claro, si se quiere tener una conversación que nos aporte, que sea productiva, debemos dejar todo para poner atención así que nada de teléfonos móviles, notas mentales sobre tareas pendientes...

No vayas de experto

Entre aportar un dato a ir de experto hay una gran diferencia, para que tengas una buena conversación tienes que asumir que tienes algo que aprender de la otra persona. Si piensas que eres un experto en algo no vas a tardar en ver que ni eres el que más sabe y que hay personas que saben mucho de otros.

Es decir que serás mejor que el otro en algo, aprovechemos la realidad para sacar algo positivo de cada conversación. La clave es que se tenga una mentalidad abierta, se piense que puedes aprender cosas nuevas hasta que termines dejando de dar opiniones, para que la otra parte se exprese con más libertad. Ya podrás responder y argumentar.

Usa preguntas abiertas y genéricas

Entre más abierta sea la pregunta, más le harás pensar y más interesante será la respuesta, si eres específico terminas guiando la respuesta. No es lo mismo preguntar que tuviste miedo ayer a cómo te sentiste. Con la primera pregunta la respuesta se ancla en el miedo, dejará de lado otros sentimientos que pudo experimentar.

Que la conversación fluya

Para que la conversación se maneje en su ritmo y tome vida es clave que la dejes fluir, que sea un toma y daca, con las ideas yendo solas, si te empeñas en recuperar el dato, aquella anécdota que tenías en la mente la dejas de escuchar, además cuando lo sueltes entorpecerás la conversación. Si tenía sentido, lo más seguro es que ahora no lo tenga tanto. Deja ir la frase. No surgirá más la oportunidad. No importa.

Si no sabes algo lo reconoces

No tienes la obligación de saberlo todo, no tienes que ser un experto en cada tema. Opinar sobre todo muchas veces te lo puedes ahorrar.

No compares las experiencias con las tuyas

A veces puede parecer empatía, pero la verdad es que estamos tratando de desviar la conversación, tratando de volver a tomar el control, si te cuentan algo es para que escuches, no para que compares el sufrimiento, nunca vas a vivir las cosas del mismo modo que la otra persona.

No te repitas

Cuando tienes un argumento claro, tiendes a repetirlo muchas veces, del mismo modo con los enfoques o las maneras, pero con la meta de dejar claro el punto de vista una y otra vez. Con que lo digas una vez está bien. Si dudas de la otra persona si lo ha entendido o no, es mejor que se lo preguntes.

Omite detalles

Directamente se relaciona con el punto dos, la otra parte no ha venido a aprender estadísticas, datos históricos o detalles que no tienen importancia, ha venido a verte a ti, además a las personas no le importan tanto los detalles.

Escucha

Se prefiere hablar a escuchar, eso permite tener la situación bajo control y no despistarnos. Muchos no escuchamos en plan de entender, sino de contestar para poder sacar lo positivo de una conversación se tiene que estar presente, prestar atención, olvidar lo demás.

Si no lo quieres hacer entonces para qué conversas.

Sé breve

Aortas valor con lo que dices, con ganas de que entiendas y aprendas, siendo conciso. Una buena conversación es como una falda corta, lo suficientemente corta para mantener el interés, pero lo suficientemente larga como para cubrir aquello…

Sonrisa desbordante

Se puede entrenar la sonrisa, si tienes una sonrisa amplia, como la de Duchenne, tal como la que tienen personajes públicos, desde artistas a políticos, cantantes, presentadores de TV, es difícil saber en qué medida la posición social se debe a un rostro sonriente, pero sin duda las caras que vemos con frecuencia se digieren mejor, si presentan una sonrisa bonita.

Por no ir muy lejos, las camareras que sonríen más le dan buenas propinas, según estudios.

Los silencios

El silencio dosificado puede ser una forma como muchas otras de agresión pasiva. Es un manejo calculado de comunicación donde el silencio tiene un papel clave que tiene el plan de controlar y debilitar a otro o a la posición.

No siempre se manipula por medio de palabras, sino que se hace por medio de los silencios, esto es nocivo por contar con una máscara camaleónica. Se le llama silencio dosificado porque no es constante, como cuando alguien te ignora o deja de hablarte este es un tipo de manipulación que se mezcla con el encuentro y desencuentro, la expresión y su ausencia.

Todo esto se lleva a cabo de un modo arbitrario, el manipulador decide el ritmo de la conversación buscando intereses para la que solo es un instrumento.

Así como el silencio es un modo de expresión que es ambiguo, lo usual es que la víctima llegue a sentirse confundido o angustiado. No sabe qué pensar y gasta mucha energía emocional intentando adivinar lo que quiere decir cada silencio. Se siente inseguro y duda de cualquier paso a dar. Muchas veces termina pensando que es ella la que tiene un problema o no sabe interpretar o les da importancia exagerada a los silencios.

El silencio dosificado se manifiesta de muchas formas, una es cuando el manipulador busca que tú hables primero acerca de todo, no es una cortesía, te deja hablar solo para sondearte, para tomar información de ti y estudiarte, por otro lado, cuidado, no todo el que te deja hablar de primero te quiere manipular. Tendría que ser un comportamiento recurrente o constante. Tendría que verse intencionado. Esta persona habla poco de sí misma o lo hace con evasivas.

Otro modo en el que se presenta el silencio es cuando alguien rompe la comunicación de forma súbita, luego la retoma de manera inesperada. Deja de responder llamadas o mensajes y ni explica. Después aparece como si nada. Si e preguntas los motivos de la distancia, te va a decir que no pasa nada, que son impresiones equivocadas.

Sucede lo mismo cuando hay una censura a algunos temas, sin explicación. Solo cuando intentas hablar del tema, la otra persona evade el tema, no da detalles, esto, claro se aplica a cuestiones importantes para las partes, lo malo no es que alguien no quiera hablar de algo en particular, sino que sea sistemático y no se dé una explicación para ello. Sabiendo que esto afecta al otro.

Para finalizar, un modo usual de silencio es la de callar algo porque no saberlo es mejor para el otro. Se aplica en temas que atañe a una persona que esconde información. Algunos lo llaman hacerse el interesante, pero es en definitiva un hombre errado.

La palabra es poder

Lo que distingue un silencio manipulador de un silencio espontaneo es el propósito. Quien va a esta estrategia de parapetarse en la ausencia de palabra, lo hace con la meta de controlar al otro, sabe que genera desconcierto, proyecta inseguridad y es eso lo que busca. Cuando esconde el silencio deja al otro sin herramientas para actuar en igualdad de condiciones.

No hay que confundirla con el silencio manipulador, no todo el mundo se puede comunicar de manera espontánea, algunos necesitan tiempo y comprensión para mostrar sus pensamientos y sentimientos. No hablan porque son tímidos, inseguros, les falta confianza. Pero el objetivo no es controlar sino protegerse a sí mismos.

El silencio se distingue por el efecto que genera en el otro, se alterna con una comunicación normal. Es una ausencia de palabras que da la sensación de que se esconde algo. Como es sutil, no se puede confrontar, con pena de ser acusado por fantasioso o tener paranoias.

Aunque por muy sutil que sea, causa daño, especialmente en personas. Este tipo de silencio es agresivo, especialmente porque mete la conversa en un terreno de lodo, los malos entendidos, lo que la gente diga, lo pone a la orden del día, y esto difícilmente queda al descubierto, excepto por los efectos del otro. Si este luego de hablar y pedir que cambie, no cesa, entonces no queda más que tomar distancia de algo tan tóxico.

Ransberger Pívot

Cuando alguien dice algo con lo que no estamos de acuerdo, nuestro primer impulso suele ser contradecirlo o corregirlo. Están equivocados. Estamos en lo correcto. Luego pelean de nuevo. El debate se vuelve acalorado, personal y, en última instancia, contraproducente. No se cambian las mentes. En todo caso, ambos lados están más profundamente arraigados.

Si queremos influir en otros para que estén abiertos al cambio, necesitamos un mejor enfoque. Una técnica que puede utilizar para eludir el furioso enfrentamiento es hacer algo llamado Ransberger Pivot.

Como Dale Carnegie nos recuerda en Cómo ganar amigos e influir en las personas, decirle a alguien que está equivocado generalmente no funciona muy bien.

A la gente le gusta tener razón, sentirse importante y ser apreciada. Cuando le decimos a alguien que está equivocado, puede tomárselo como algo personal. Puede ser un golpe para su ego, un asalto a su orgullo.

Y es normal, ¿verdad? Cuando sentimos que nuestra posición está siendo atacada, naturalmente nos inclinamos a profundizar. Nos volvemos más tercos. Luchamos. NO estamos equivocados.

Lo que pudo haber comenzado como una conversación rápidamente se convierte en una confrontación. El marco en torno a la discusión tiene lados opuestos que son diametralmente opuestos.

A partir de este marco de referencia "Yo contra ti" surge el conflicto y las posiciones individuales se endurecen. Una vez que alguien ha declarado una posición, se vuelve muy difícil persuadirle para que se aparte de ella. Nadie se va a convencer de nada en estas condiciones.

El pivote Ransberger

El Ransberger Pivot soluciona este problema cambiando el marco. En lugar de una construcción que tiene personas en lados opuestos de un problema, el pivote coloca a ambas personas en el mismo lado. Reemplaza un ambiente de confrontación por uno de cooperación.

Con ambas personas de acuerdo, de repente hay mucho menos de qué discutir en primer lugar.

Aún mejor, usando el pivote terminas validando a la otra persona en lugar de atacarla, por lo que puedes terminar la conversación como amigos, no como enemigos.

Así es como funciona:

Paso 1: escucha

Deja de hablar y escucha atentamente lo que están diciendo. Sé respetuoso, haz contacto visual y concéntrate en los valores que subyacen a sus palabras. Haz que su objetivo sea descubrir qué es importante para ellos y por qué.

Si no estás seguro, preguntas para llegar al corazón de su punto de vista. No seas confrontativo. Mantente realmente interesado. Como nos enseña Steven Covey:

Si necesita claridad, haga preguntas abiertas como:

"¿Por qué te sientes así?"

"¿Qué hace que esto sea importante para ti?"

Cuando responda, no juzgue, mantenga la calma, respire lentamente y trate de no ponerse a la defensiva. Escucha. Al escuchar, muestras respeto.

Paso 2: Expresa un punto de acuerdo

Busque cualquier punto de entendimiento en el que estés seguro de que ambos están de acuerdo. Haz de sus primeras respuestas una afirmación de estos puntos.

Al estar de acuerdo con ellos, está replanteando la discusión. En lugar de dos lados en conflicto entre sí, está construyendo un puente que les permite unirse en el mismo lado con un objetivo compartido.

"Aprecio tu idea y, como tú, creo que es muy importante que ..."

"Para mí está claro que ambos creemos ..."

"El hecho de que te sientas así demuestra que ambos nos preocupamos profundamente por ..."

Esta respuesta valida los valores compartidos en los que ambos están de acuerdo y de esa manera valida a la persona con la que está hablando.

Admite el malentendido

(Agrega esta parte, pero creo que tiene mucho sentido aquí). Mientras construyes ese puente de puntos en común, si descubres que entendió mal o estaba equivocado acerca de algún punto de ellos, sea honesto y admítalo.

Cuando admites un error o equivocación, es posible que estén más dispuestos a corresponder más adelante en la conversación.

Al escuchar con respeto y luego concentrarse en los puntos de acuerdo, se une a ellos en lugar de luchar contra ellos. Al admitir honestamente el error, les abres la puerta para que ellos también sean más objetivos.

Cuidado con esto

En este punto del proceso, puede descubrir que la otra persona tiene razón. Esto está bien. De hecho, es genial.

Como líderes, nuestro objetivo debe ser la búsqueda de lo correcto. No dejes que se convierta en un concurso sobre quién tenía razón.

Si resulta que tienen razón, puede finalizar el proceso en este punto. Agradézcales por su perspicacia, tal vez estreche su mano, sonríe y luego pase a otra cosa.

Esto puede resultar difícil. Si quiere sentirse bien con esto, felicítese por ser lo suficientemente grande como para superar su ego y encontrar la respuesta correcta al problema.

Hay quienes se mantendrán obstinadamente en su posición por temor a que los debilite como líderes a los ojos de los demás.

Al contrario, creo que es todo lo contrario:

Paso 3: seguimiento

Con la conversación reformulada, ahora ambos están del mismo lado del problema y buscan el mismo resultado positivo.

Este es el momento de comenzar a hablar sobre cómo la idea que tiene ayudará a resolver el problema que les preocupa a ambos.

Mantente enfocado en cómo esta idea cumple con su objetivo común, sea respetuoso y no deje que se vuelva personal. Si ha cambiado con éxito el marco, ambos podrán concentrarse en encontrar respuestas y soluciones en lugar de defender los egos y proteger el orgullo.

La verdad, nunca "ganas" una discusión, y todo el marco de ganar-perder es uno que prepara a alguien para la vergüenza, la humillación o un tiro al ego.

Eso es algo que la mayoría de la gente luchará por evitar.

Es mucho mejor eludir el argumento por completo. Una de las herramientas que puede utilizar para lograrlo es Ransberger Pivot.

Concéntrese en dónde está de acuerdo en lugar de en desacuerdo, y tendrán una mejor oportunidad de encontrar una solución juntos.

TÉCNICAS DE MANIPULACIÓN
USADAS POR LOS PREDADORES

*E*stas son las técnicas de manipulación que usan los predadores para consumirnos la energía y hacer con nosotros lo que quieran. Conócelos para que no seas víctima de ellos.

Reservarse información con fines personales

Esto es para los casos donde las personas no cuentan algo que podría hacerles cambiar de parecer, saben que si te informan esto te podrían perder de forma irremediable

Como cuando un manipulador está seduciendo a una chica que está vulnerable por una relación que acaba de terminar. Descubre una información que puede servir para que esa chica se arregle con el novio, pero no la dice porque sabe que la perdería.

Este es un ejemplo muy cliché en las películas de amor, pero es un ejemplo claro de lo que es reservarse información con fines personales, es, manipular, no contarlo todo y así salirse con la suya.

Decir mentiras

El manipulador sabe que es una mentira rotunda, pero dice esto con cara seria, lo hacen porque establecen un precedente. Cuando dicen una gran mentira hacen que la otra persona dude de si algo es bien o puede ser verdad. El objetivo es mantener a la víctima desorientada e inestable.

La víctima sabe que dijeron que harían alguna cosa, que le escuchó, pero el que manipula no deja de negarlo. La víctima comienza a cuestionar la realidad, a lo mejor nunca dijeron eso. Cuando más pasa es cuando más se cuestiona la realidad para aprender a aceptar la de ellos.

Cuando se trata con una persona que manipula psicológicamente, es clave que se preste atención a lo que hace, no a lo que hacen, lo que quiere decir que son solo palabras, pero lo que importa es el problema que hacen.

Desde que el ser humano aparece en la tierra, el arte de manipular y la mentira también aparecieron. Si la serpiente hubiera hablado con Adán y Eva con argumentos, aún estaríamos buscando al culpable de la mordida de la manzana.

Muchos van a decir la versión y puede que no estén de acuerdo con el concepto este. Pero manipular es presenta lo falso como real, lo negativo como positivo, lo degradante como beneficioso y hasta lucrativo.

Una prueba es la cantidad de realitys que no tienen valores y pasan por la televisión, venden vidas vacías como estructuras de felicidad y poder.

Tanto medios, noticieros, redes, el poder económico, político y religioso usan en algún momento la manipulación para convertir personas en seguidores, consumidores de las mentiras, del morbo, en votantes, compradores o inversores.

El que manipula está intentando distorsionar la percepción de la realidad, incluso el reencuadrar cosas que dice para poner en duda evidencias incriminatorias, es más, la mentiras es la manera más sencilla de manipular.

Otra de las frases de manipulación es la que dice que "no entendiste lo que quise decir" la cual no es una exclusiva de personas manipuladoras, pero se usa para volverse víctimas y dejarle como alguien que simplemente juzga demasiado pronto.

Una sociedad donde se pondera e idolatra la cultura de las personas que juegan vivo, quien no manipule, que sea integro, termina siendo la oveja negra del grupo, esto es triste, caer en esta decadencia ética y sociocultural.

Es probado que manipular y mentir es el peor de los actos que puede haber. El valor más importante de una sociedad es la igualdad, la institución, la ley, el pluralismo, la tolerancia racial, religiosa, la libertad de expresión. También por encima de todo, la credibilidad o confianza que pueda tenerse.

La construcción de la credibilidad tiene una meta, la información que se genera y usa, entre más veraz es la información que se use, más es la fuerza que se tendrá. Es triste que cuando por falta de una comunicación clara, concisa y precisa, los bochinches infundados que algunas personas usan sean más creíbles, que la información que se divulga o investiga.

Una de las primeras víctimas son los manipuladores o mentirosos, ellos son los que caen en falsas verdades para convencer a otros a pesar de estar conscientes plenamente de que tarde o temprano van a caer y que el desprecio será más poderoso que el Hagámoslo que no se dan cuenta.

La mentira por muy elaborada que esté, así tenga apoyo de cómplices, siempre la van a descubrir. La verdad sale a la luz. el cuerpo humano no juega con la mentira, ni con la manipulación. Como dato clave se puede decir que el cuerpo tampoco se hace aliado del cerebro cuando este decide generar acciones. El cuerpo no le miente al cuerpo.

Como sociedad tenemos metas clave, recuperar el estado de confianza para que eso suceda, recuperar la confianza y ser informado sin mucha vuelta y con responsabilidad.

Quien dice una mentira o decide manipular la información no sabe la tarea que ha asumido, porque se obliga a inventar veinte más para sostener la certeza de la primera. Un vaso medio vacío es uno medio lleno también. Un mentira a medias de ninguna manera es una media verdad.

Recordemos la fábula de Pedrito y el lobo, esa es magistral, muestra lo grave que es mentir, manipular, aunque algunos digan que la mentira y la manipulación son un modo de talento, ninguna vive hasta la vejez.

Invertir la realidad

Tienen una gran habilidad para mentir y voltear la realidad, lo hacen hasta que la ponen a su favor. Son tan convincente las mentiras que incluso llegan a hacer dudar al otro de la realidad o la verdad.

Humor variable

El mal humor es algo natural en las personas temperamentales. Todos tenemos buenos y malos momentos donde nos cuesta controlarnos en presencia de los demás, hay personas que parece que encadenan uno con otro. Cuando el humor variable aparece tenemos que aprender a lidiar con eso y trabajarlo para que no sea grave después.

Cuando se convierte en una constante y no lo cortamos a tiempo puede terminar contagiándonos.

El estado de ánimo no debería ser determinado por otros, sino que tendrías que saber trabajar las emociones, pero muchas personas no lo pueden hacer o son más susceptibles que otros a la hora de dejarse llevar por las situaciones. Muchas personas no lo pueden hacer eficazmente o son más propensos a la hora de dejarse llevar por las situaciones. Estas personas son las que se interesan por los consejos. Ellos ayudan a mejorar las gestiones de las emociones, cuando estés con una persona que es temperamental, que se enfada y cambia por culpa de sus manipulaciones, no le sigas el juego.

No intentes imponerte o llevar la razón, estas personas te tomarán como presa fácil, un modo sencillo en el que sacan el veneno y lo esparcen en ti.

Si no puedes evitar a la persona descubre el modo en el que no encajan las palabras, como quien encaja golpes, intenta que reboten y salgan fuera del campo, como el balón que le pega al poste y se sale del campo.

A lo mejor otro va y lo busca, y lo saca nuevamente, pero está en ti que seas persistente y que repitas la operación.

Busca el modo de actuar para desviar la atención para responder sin que entres en el juego, para ellos tienes que parecer pasota, hacerte el tonto, morderte la lengua, toca a veces, sabes que no te dará la razón, que buscará la manera de pasar por encima de ti. Si no juegas nadie gana ni pierde.

Tampoco le pagues con la misma moneda. Cuando pasamos mucho tiempo con las personas que en sus manipulaciones se enfadan a niveles extremos, aparece la tentación de pagarles con la misma moneda, haciendo de nosotros mismos un modo de venganza, pero eso es alimentar el monstruo que detestas.

Te debes parar y pensar en que, si te comportan así, además de alimentar el mal humor, refuerzas el comportamiento, validas lo que hace, le estas diciendo que puede echarte basura.

Debes contraatacar con simpatía y buen humor. La simpatía y el buen humor son como esos misiles antiaéreos que tiene como misión anular el ataque de los enemigos. Lanzan bombas antes de que lleguen a tierra, ser simpático y estar feliz puede contagiar al otro, al menos hacer que considere otro lado como el lugar para sacar los humor.

Quitarle importancia al asunto, verte optimista, enfocar el tema desde un lado simpático, deja claro al otro que no vas a dejarte llevar. Le dirá que no permitirás que descargue la ira contigo, si el otro te necesita hablará para desahogarse, debe hacerlo de un modo que no te hiera.

Cambiar las reglas del juego

A esto se le llama voltear la torta, es decir que rompen el vidrio, patean la mesa, pero eres tú quien termina pagando todo, ofreciendo las excusas. Un ejemplo de esto que es del maestro en manipulación, el esposo, al que su mujer le pilla una infidelidad. Cuando la mujer le muestra la factura del motel donde se entregó con la susodicha, el hombre enfurece, reclama que es una chismosa que le revisa sus cosas personales, le lanza un discurso sobre la importancia de la confianza, donde cada parte se tiene que respetar los espacios.

Es tal el ataque que al final la mujer se siente equivocada, le pide perdón por controlar y se siente responsable de la infidelidad del marido, si ella no fuera tan controladora el marido no drenaría con otras.

Distracción

Los manipuladores usan la distracción por medios masivos con técnicas contenidos muy llamativo. La idea es persuadirnos del problema que hay afuera y que no tiene relación con la cuestión. Así no nos percataremos de los problema que realmente hay.

Es como los países autoritarios donde culpan siempre al enemigo externo para distraer la atención de los problemas reales. Sacan ejercicios militares por el bien de la nación, las guerras de otros países que en realidad no existen, con esto pretenden desviar la atención de problemas reales y cambiar el culpable de las situaciones país.

Sarcasmo

Un ejemplo del sarcasmo es cuando mandan un mensaje que es aparentemente amable, pero tiene un contenido agresivo y escondido:

Tal vez, si te fijaras más, y leyeras un poco, podrías tener otra clase de amigos.

Algo así como que:

Eres tan bruto que tus amigos son otros brutos igual que tú.

Hacerse la víctima

La negación es cuando el agresor rechaza confesar que ha hecho algo malo. Es ahí cuando se hace la víctima, no ha hecho nada. Es un modo que usa para mentir, oculta las intenciones agresivas, es la táctica del quién, yo... donde se juega al inocente, donde se victimiza. Es un modo donde el agresor se da permiso de tener la razón en hacer lo que ellos quieren hacer. La negación no es de la misma clase de la negación de una persona que acaba de perder a un ser querido, que no puede aceptar el dolor y la realidad de la pérdida. Es un tipo de negación de defensa, contra la ansiedad y el daño que se da. Entonces, la negación no es una defensa, sino que es un modo que usa el agresor para lograr que otros se echen para atrás, para descolgarse o sentirse culpables por insinuar que hace algo incorrecto.

Algo que tienen las personalidades agresivas es que saben bien que los demás tienen conciencias diferentes a la suya, los manipuladores son expertos en usar mayor conciencia de las víctimas para mantenerlas con la duda de sí mismos. Ansiosos, sumisos.

Entre más conciencia tenga la víctima, más eficaz es la culpa como arma.

Las personas que son agresivas usan la creación de culpa como herramienta para manipular, lo hacen con mucha eficacia, demuestran distintos tipos de carácter comparándolo con otras personalidades. Todo lo que un manipulador tiene es que sugerir a la persona consciente que ellos no se preocupan mucho, que son egoístas, y demás. la persona comienza a sentirse mal o no... una persona consciente puede intentar que un manipulador se sienta mal por el comportamiento hiriente, reconoce la responsabilidad, admite la maldad, no logra nada.

La táctica implica retractarse como víctima de las circunstancias de alguien más para ganar compasión. Evocar pasión lograr algo del otro. Una cosa con la que cuentan las personalidades agresivas es el hecho de que las personas menos hostiles y crueles no pueden normalmente soportar ver a otro sufriendo. Por eso la táctica es sencilla, convenza a la víctima de que sufres de algún modo y ellos buscarán aliviar la angustia.

Agresión excesiva

Hay dos tipos de agresiones, una es la directa, y la otra la encubierta, cuando una persona quiere lograr algo y es abierto, y directo en su forma de enfrentar, el comportamiento se etiqueta como agresivo. Cuando debe ganar, controlar o dominar, pero sutilmente, o con engaños para esconder las verdaderas intenciones, se es agresivo encubierto.

Para poder evitar estas demostraciones abiertas de agresión, intimidando a otros para que le den lo que quieren, es un modo de ser manipulador poderoso. Por eso la agresión encubierta es el medio de manipulación más usado.

La agresión del que manipula no es obvia. La intuición nos puede decir que luchan por algo, para vencernos, para ganar poder para hacer las cosas a su modo. Nos encontramos inconscientes, a la defensiva. Pero por qué no podemos señalar las pruebas objetivas y claras de que nos atacan. No podemos validad los sentimientos.

Las tácticas usadas por los que manipulan lo pueden hacer menos dolidos, se preocupan, defienden casi todo menos los que pelean, es una táctica difícil de reconocer, es una estrategia inteligente, ellos siempre hacen lo suficiente para que la persona dude de la comprensión natural, de la que es víctima.

La táctica no solo afecta que de manera objetiva y consciente se vea que un manipulador lucha, sino que mantiene la defensiva, estos rasgos son armas psicológicas eficaces donde cualquier puede ser vulnerable. Es difícil pensar claramente cuando una persona huye emocionalmente.

Todos tenemos debilidades e inseguridades que un manipulador hábil descubre y usa. A veces somos conscientes de las debilidades y de cómo los puede usar para aprovecharse de nosotros. Escuchamos a los padres que dicen:

"Sí, tengo un gran botón de culpa"

Cuando los niños llevan a los padres a ese botón, pueden hacerlos olvidar fácilmente, además a veces son conscientes de las vulnerabilidades, los manipuladores nos conocen más que a nosotros mismos, saben qué tecla tocar, cuándo, con qué fuerza. La carencia de conocimiento nos pone en una situación de desventaja para que nos exploten.

La intuición nos dice cómo es el manipulador, desafía todo lo que nos ha enseñado sobre la naturaleza, nos inunda de psicología que nos tiene viendo a todos como personas inseguras, colgada. De esta forma mientras el instinto nos dice que tratamos con manipuladores, la cabeza dice que son personas heridas, asustadas, lo que, es más, la mayor parte de nosotros, odia pensar en sí misma como gente insensible y cruel. Vacilamos en hacer juicios duros o negativos sobre los demás. les queremos dar el beneficio de la duda y asumir que ellos abrigan intenciones malévolas, tenemos más tendencia a dudar y culparnos por atrevernos que a creer lo que dice el instinto sobre nuestro carácter.

Aislamiento

Hay personas que necesitan llamar la atención todo el tiempo, lo necesitan y para eso usan cualquier artimaña y estratagema. La que más usan es la de la víctima, la pena la usan para manipular las emociones, es de las más efectivas.

Otra efectiva es el aislamiento como manipulación emocional. Es decir, se aleja de los demás, para que estos se acerquen. La verdad es que a todos nos gusta obtener atención de otros, pero quien usa el victimismo como táctica de manipulación tiene una necesidad enfermiza. Si no logran tener la atención de las personas que les rodea

La verdad es que a todos nos gusta conseguir la atención de los otros, pero quien usa el victimismo como táctica de manipulación tiene una necesidad enfermiza, si no tiene la atención de otros, harán lo que sea para poderla tener. Aunque ello suponga usar algo tan dañino como la manipulación.

Alejarse de las personas causa confusión en las personas, no saben lo que ha pasado, porque la persona ha tomado distancia, y necesita respuestas, de esta manera el victimista se garantiza tener la atención que tanto necesita, una vez que lo tiene comienza a dar pena, la pena crea remordimientos y estos hace que cualquier persona haga lo que sea para reparar el daño realizado. El aislamiento como manipulación emocional es eficaz en chantajes psicológicos.

Encerrarse en sí mismo con la intención de llamar la atención es un gran error, muestran una total falta de madurez emocional, las personas que no pueden gestionar emocionalmente el enfado, el dolor o la tristeza, se aleja de los demás, esperando que estos acudan a él para tener respuestas. También para reparar cualquier malentendido. Las cosas no se solucionan de esa manera, sino exponiendo lo que nos ha dañado, el victimismo es una postura tóxica y dañina.

Cuando una persona nos ofende o daña lo normal es que se verbalicen los sentimientos y se exprese el dolor a esa persona, esto es vital para establecer límites, y que los otros sepan hasta dónde pueden llegar con nosotros. Esto requiere de madurez emocional.

Los victimistas se sienten ofendido o dañados y prefieren callar, no saben cómo expresar el dolor ni cómo gestionarlo adecuadamente, se meten dentro de ellos mismos, usan el silencio o la manipulación para que el otro se dé cuenta que lo ha ofendido. El que hace la víctima se aleja esperando que el otro vaya a su lado y pida perdón por lo sucedido. Es en realidad un método de castigo, un modo de someter a la persona, es una verdadera relación de poder.

Hay que pensar que es un aislamiento voluntario que tiene como meta llamar la atención de la persona que ha dañado al victimista. Es un método efectivo para que la persona sepa que ha ofendido a la otra, que tiene que reparar el daño, cuando tiene la atención de la persona, usará la culpa y los remordimiento para manipularla.

Realmente el victimismo es una forma muy mala de resolver los problemas. Una persona ofendida siempre se muestra tal como se siente, le dice al ofensor el daño que ha hecho para que no se repita de nuevo, es un método para poner límites, pero los victimistas prefieren aislarse como manipulación como método para que les disculpen, es someter a quienes le han encontrado y les ha hecho daño.

Para la persona que manipula, es importante saber que los otros le buscarán siempre que se aleje. Se siente de ese modo importante, poderoso, necesita tener la atención de quienes tiene alrededor. La manipulación es la única forma con la que consiguen esa atención que tanto desean.

El aislamiento puede ser una técnica efectiva para chantajear a los demás, pero también es un método para victimizarse. Quien se encierra en sí mismo busca en cierto modo creerse víctima, porque solo el que sufre es alguien solitario, es un modo de pensar malo, tóxico, que lleva a la persona a destruirse totalmente.

A pesar de esto, tenemos que reparar los motivos por los que alguien se aísla, entre las razones podemos hallar:

- Para acentuar la sensación de soledad. Cuando se aísla, esta clase de manipulador busca justificación, potencia el sentimiento de soledad, de que nadie le quiere, es un modo de demostrar lo solo que está ante otro y ante sí mismo.
- Para comprobar que el mundo sigue girando, el victimista vea los demás seguir la vida sin él, de ese modo se hace más la víctima, mostrándose como una persona que no le importa a nadie.
- Para llamar la atención, se aleja, el manipulación se garantiza que la persona sepa lo que le pasa, allí el victimista se hace el ofendido y reclamará que le atienda como tanto necesita.

Para aprender a dejar el victimismo se tiene que cambiar el modo en el que se piensa y actúa, no se puede caer en el error de dar lástima para conseguir las cosas. Tampoco el usar tácticas de manipulación emocional. Eso nos da resultados en un primer momento, pero luego las personas aprenden a no dejarse manipular y entonces es ahí donde el modo de actuar ya no deja el efecto que queremos.

El victimismo solo sirve para que nos fañemos a nosotros mismos, nos importe relacionarnos con otros de un modo constructivo, por eso es clave que se hagan cambios en nosotros mismos que permitan que maduremos y actúan mejor

Para poder hacer estos cambios se tiene que pedir ayuda cuando se siente que la situación es completa.

Fingir amor y empatía

Las personas que manipulan saben que si se acaricia el caballo se deja montar. Normalmente comienzan el día mostrándose amables afectuosos, te llenan de halagos, dan muestras de buenos gustos gran sensibilidad frente a las expectativas.

Este es el primer acto, para el otro se comienza a notar el cambio, cuando te tienen convencido de lo buenos que son, pasan a manipularse, y ese encanto sale y caro.

Han lanzado sobre tu persona la red de seducción, te quedas como impedido para evaluarlos de manera objetiva. Ves con buenos ojos lo que hacen y aunque de cuando en cuando te asaltan las dudas, esa persona encontrará el modo de mostrar que no se puede pensar mal de alguien que es tan espectacular.

LA PROGRAMACIÓN NEUROLINGÜÍSTICA PNL PARA MANIPULAR

*L*a programación neurolingüística, es también un arte y una ciencia de excelencia personal. Se puede definir de manera concisa, como un modelo de comunicación que nos explica el comportamiento de las personas, esta nos muestra cómo hacemos lo que hacemos, es decir, qué estrategias internas seguimos para estar tristes, enfadados, alegres, eufóricos…

La PNL es un modelo, no una teoría. El campo es el del modelado de lo que funciona, no de hacer teoría de ello ni de conectar con los sistemas o enfoques de psicología o filosofía. Parte de la premisa de que, si conocemos las estrategias que usan de manera inconsciente las personas brillantes en lo que hacen, se puede aprender a usar estas estrategias de manera consciente, sea para tener éxito en el trabajo o para hacer gestiones de modo más eficaz con el comportamiento de los estados emocionales. La PNL brinda herramientas y habilidades para implementar estados de comunicación y cambios excelentes.

¿Qué es la PNL?

La PNL tiene su origen en los setenta cuando dos norteamericanos, John Grinder que era lingüista y Richard Bandler, matemático, programador informático y psicoterapeuta, se ponen como meta averiguar cuál era la cual por la cual los tres mejores psicoterapeutas americanos, Milton Erickson, Virginia Satir y Fritz Pearls tenían en sus intervenciones con pacientes un número superior al de los demás colegas. Luego de observar el trabajo, llegan a la conclusión de que el éxito radica en el uso de patrones y procedimientos de comunicación.

Partiendo de allí la idea es poder conocer en detalle los patrones de éxito con el fin de poderlos reproducir, así cualquier persona que los ponga en marcha, consigue resultados semejantes, de este modo se convierten en modeladores de comportamiento.

El nombre de programación neurolingüística consta de tres términos:

- Programación: es un término que tiene que ver con los procesos de organización de los componentes de un sistema que hace referencia a programas mentales establecidos que rigen el pensamiento y el comportamiento, los cuales se pueden programar d manera similar a cómo se programan los ordenadores para que hagan cosas que queremos.
- Neuro: viene del griego Neurón, y dice que el comportamiento es el resultado de un proceso neurológico. La acción o conducta está en función con la actividad neurológica que se pone en marcha desde la información que nos llega por medio de los sentidos. La interpretación que le damos a la información es la que nos forma la percepción del mundo que tenemos alrededor.
- Lingüística: se deriva del latín Lingua y nos indica que el proceso neurológico se representa, se ordena y se transmite por medio de la comunicación de la palabra o el lenguaje. Reconoce l parte que tiene el lenguaje como representación del orden mental y de las estrategias de operación.

Cuando hablamos de PNL todos evocan el modo en el que trabajan los ordenadores, partiendo de los datos que se colocan en un programa con el que se trabaja, la máquina hace el proceso, almacena, las actualizaciones. En el caso de datos puestos son las información sensoriales que se reciben de lo externo. Todo lo que vemos, escuchamos, saboreamos, sentimos, es procesado y almacenado y en esa base se programa y le damos un significado.

Cuando encontramos una situación que tiene una semejanza con otras que se han vivido, el cerebro compara los datos que recibimos en ese momento, con el almacenado en la memoria de las situaciones anteriores, y la reacción que vamos a tener en el presente estará en función del significado que le hemos puesto a los datos antes.

Si de niño el profesor te hacía pasar un mal rato cada que te sacaba a l pizarra y los compañeros se reían, terminaste asociando el hablar en público como una situación de angustia y por lo tanto en algo que evitas. Así si aún es posible que o bien lo rechaces y por tanto hayas creado una fobia, o lo afrontes sufriendo previamente el pánico que te causa enfrentar a hablar ante personas, a pesar de que no tienes nada de ese niño o ni siquiera recuerdes el nombre de ese maestro que te marcó. Puedes hasta haber olvidado conscientemente esto, pero el inconsciente no olvida el programa que un día se grabó en la mente y es que hablar en público no es bueno, te hace sentir vulnerable.

Esas son cosas que se pueden cambiar con la PNL, es un instrumento que permite que seas ese que se aprovecharía al máximo de las capacidades, también que reinterpretes la información que viene de lo externo, dando significado a los sucesos. Todo esto que ha venido a lo largo de la existencia con nosotros. La PNL trabaja con experiencia sensorial, que se almacena en el cerebro y para trabajar con ella toca averiguar la estructura y las condiciones en las que se almacenó la experiencia, partiendo de allí se puede modificar sobre nosotros lo que facilitamos al conseguir los objetivos.

La realidad como tal no existe, cada persona tiene una realidad, las personas conocemos la realidad por medio de la interpretación que cada uno hace. En la historia de la humanidad ha habido muchos pensadores que han hecho referencia a la diferencia entre el mundo y la experiencia que tenemos de este. Desde Zenón hasta un pensador alemán llamado Schopenhauer y muchos otros que han estado en la historia del pensamiento que han insistido en que los seres humanos no actuamos directo en el mundo sino en la representación que creamos de este y de cada uno de nosotros, es la representación personal que determina el modo de percibir la realidad y las opciones que se pueden tener a nuestra disposición.

Basado en nuestras vivencias, del sitio donde tuvimos que nacer, de la familia que tuvimos, del comportamiento de las personas alrededor y de las experiencias que tocaron, sacamos nuestras conclusiones de cómo es el mundo. es decir, creamos los llamados mapas mentales de la realidad por eso cada uno tiene sus mapas mentales, eso condiciona el comportamiento y configura la vida y las relaciones.

La PNL por medio de las técnicas y herramientas permite que conozcamos el mapa y el de los otros, para así poderlo modificar e incluso para ampliar y lograr los objetivos que nos propongamos. Una terapia implica un cambio en el modo en el que la persona representa la experiencia del mundo.

El método que usa la programación neurolingüística es el del modelado, consiste en que se hallen los componentes de la conducta que intentan reproducir para que se halle un resultado equivalente.

El modelado es un proceso que permite recrear comportamientos de éxito es un proceso que consta de dos fases.

- La primera se basa en estudiar a detalle las actitudes y comportamiento del sujeto a modelar, para así averiguar cómo se hace el modelado.
- La segunda es transmitir de manera clara y comprensible las conclusiones que se extraen de la observación de modo que otras personas que no hayan participado sean capaces, partiendo del modelo creado de reproducir el comportamiento que se quiere aprender y lograr resultados similares.

LA PROGRAMACIÓN NEUROLINGÜÍSTICA PNL PARA MANIPU... | 95

Para poder modelar eficazmente es clave que se hagan una serie de destrezas específicas como lo son:

- Agudeza sensorial: es preciso que se cuente con los sentido en disposición de apreciar los elementos por insignificantes que puedan parecer. Es decir, abiertos y entrenados para captar la información que transmita el sujeto a modelar.
- Habilidades verbales y no verbales para poder obtener información de gran calidad. La PNL se basa en buscar más el cómo que el por qué. La pregunta por qué se enfoca en averiguar las causas que generan el problema y por tanto llevan a ver el problema. La pregunta cómo se enfoca en el modo en el que se hace algo, por lo tanto, es generadora de cambios. Desde la perspectiva del cómo una cosa se hace de un modo, pero también sería posible hacerla de otra, por lo que es susceptible de ser modificada.
- Una actitud especial que implica tener curiosidad, ubicarse en un permanente estado de recursos, además de pasión, compromiso con lo que se hace, así como disposición de flexibilidad al cambio.

Esto se puede resumir en tres palabras que definen el proceso de modelado, la curiosidad, la flexibilidad y la experimentación.

Tanto Bandler como Grinder, luego de mucho tiempo observando y luego de modelar a personas exitosas, lo extrapolaron a personas que querían introducir un cambio en las vidas, se centran en descubrir el proceso por el que la persona con la que querían trabajar, coloca un determinado momento la información con la que causa una visión de una situación que fue lo que constituyó el problema.

Desde allí se produce la ayuda para desaprender lo que habían grabado en el cerebro, coloca un programa nuevo que permite eliminar el automatismo de conducta o pensamiento y dirige la dirección al objetivo que quiere conseguir.

Todo esto comentado conlleva una serie de objetivos y aplicaciones. La fundamentación de la PNL no es de ahora, la aplicación se ha viralizado en los últimos tiempos, pero tiene tiempo usándose.

El poder que tiene

La PNL nos dice que el modo en el que nos comunicamos y las palabras que usamos delimitan la realidad y la manera que tenemos para comprender el mundo, una perspectiva personal que a veces no coincide con la de los interlocutores.

Además de esto, las personas tenemos dos tipos de comunicación, la interna, que es lo que se piensa y sentimos dentro y a externa, donde además de las palabras que decimos con la voz, está lo que dice el lenguaje no verbal.

Las personas nos diferenciamos en el modo en el que captamos la información, algunas personas se guían por lo visual, otros por la vía de la audición, otros por las sensaciones. Así que te paras un momento en la idea.

Busca recordar un momento el pasado, cómo te llega a la mente este recuerdo, mira cómo analizas y captas la información alrededor, si eres más visual o auditivo

El anclaje

Otro modo en el que se logran los objetivos se basa en este concepto. Se usa en la psicología conductual y es una de las técnicas de la PNL básica.

Vamos a imaginar una situación que nos angustia mucho, que nos da ansiedad, como hablar en público que ya lo usamos antes. Un modo de afrontar esta realidad es anclar un instante agradable a esto. Algo relajado, positivo de la memoria, se va asociando por medio de técnicas de visualización y respiración a la situación que causa estrés.

Pasear por la playa cuando somos niños, un atardecer junto a la pareja, música relajante, todo esto nos ayuda a debilitar el miedo y a programar l nueva realidad, donde la armonía reine. Nos anclamos en la situación tranquila y agradable para afrontar un evento que nos resulta estresante.

El tiempo

El tiempo tiene una gran importancia en las personas, pero tienen que saber gestionar de modo correcto. En el pasado se aglutinan los recuerdos y las emociones, un baúl del que a veces se pueden sacar buenas cosas para cambiar el ahora.

En el presente donde priman las experiencias sensoriales en la cual se dan los sucesos importantes donde invertimos todos los esfuerzos importantes y donde invertimos el presente. Es clave en la PNL para sembrar el futuro que queremos.

El futuro está ahora, de ahí que se establezca como el punto donde se enclavan los deseos para empujar el presente, el ahora.

Ecología de sistemas

Las personas tienen un sistema de creencias y valores, hechos en la vida, con motores que llevan ejes neurológicos, somos lo que creemos, las creencias son las concepciones del mundo, lo que lleva la acción y el comportamiento. Las creencias se arraigan en el ser que ni siquiera nos damos cuenta de si son beneficiosas para nosotros o no, puede que nos estemos haciendo daño sin saberlo, de ahí que la PNL ahonde en la ecología de sistemas para hacernos tomar conciencia y reorganizar las estructuras de un modo más beneficioso y óptimo.

Esto es visto a grandes rasgos los pilares de lo que es la PNL, donde prima el modo en el que interpretamos la realidad y organizamos la información, los sentidos, el lenguaje, las palabras, el tiempo, recuerdos, creencias. Son las hojas que configuran el árbol de la vida.

Las técnicas PNL ayudan a que variemos el enfoque de modo distinto para que encaminemos las partes en la vida para ir a varias metas.

El Swish

Esta es una de las técnicas que se enseñan en cursos sobre PNL. Es una técnica que trabajo con las submodalidades y tiene mucho poder. Se aplica para cambiar conceptos y comportamiento que ya no se desean tener. Es ideal para conductas de bloqueo o compulsiones.

La clave de la técnica del swish es que, como un camino, instala un rumbo para cambios, lo que actúa como disparados de lo que no se quiere, actúa también como disparador de lo que no se quiere. Una de sus características es que establece una dirección para el cambio, en vez de ser un patrón estático, esto quiere decir que en esta técnica no se deja casi nada al azar o a la casualidad.

Por eso se combinan las submodalidades, las cualidades sensoriales, críticas en una secuencia. Como siempre, entre más se ponga en juego, mejor es el resultado, se usan sonidos, tonos de voz, gestos, posición en el espacio, investiga los que dan mejores resultados.

Los pasos para poder hacer esto es así:

Imagina eso que cuando lo ves dispara la conducta que quieres cambiar. Por ejemplo, ves la mano con un cigarrillo, y te das cuenta de las sensaciones relacionadas con la imagen.

Técnicamente desde la PNL esa imagen se puede mejorar si queremos que el ejercicio tenga mejores resultados. Porque cuando se ve la imagen de la mano con el cigarrillo, ya se dispara la conducta que se quiere evitar.

Si se pone en una mano el paquete de tabaco, cando se va a tomar el cigarrillo seguramente es más efectivo. Se debe escoger la imagen de lo que se ve justo cuando va a comenzar la conducta compulsiva.

La otra imagen es la que habrá luego de que se supere el obstáculo. Es una imagen disociada donde se vea a sí mismo are limpio y se aprecia los olores de la naturaleza.

Cuando se tienen las imágenes en la pantalla de la mente, se cambian las submodalidades. Así se va cambiando la conducta.

El uso de los anclajes

La técnica de anclaje es una de las modalidades de PNL que ayudan a situarse en un estado emocional en concreto. Inconscientemente normalmente nos exponemos a anclajes, por ejemplo, podemos escuchar una canción y viajar a un estado emocional porque la canción nos recuerda a una persona o una situación. Cuando escuchamos las notas, las emociones retornan al estado en el que escuchamos la canción. También cuando olemos un perfume o el aroma para recordar algo del pasado, entramos en un estado emocional que tuvimos, por ejemplo, en una situación negativa, con un olor en concreto, s luego volvemos a oler el aroma, sentimos malestar porque ya tendríamos ese anclaje anterior y el olor se relaciona con lo negativo.

El origen del estudio y la importancia de los anclajes se remonta a Iván Pavlov, psicólogo y fisiólogo ruso ganador del premio Nobel de medicina en 1904, los anclajes de Pavlov eran la asociación de un estímulo a una respuesta fisiológica, la salivación, esto se producía por la asociación conductual del reflejo condicionado.

Se pueden crear anclajes para tener buenos estados emocionales, por eso sigamos con los otros puntos:

Cuál es el estado emocional que se debe tener

Se tiene que identificar el estado emocional que se tiene tener, cuando se lleve a cabo la técnica, lo más demandado es volver a estar en un estado de tranquilidad, bienestar y paz, obtener un estado de alegría y euforia, se suele desea pasar de un estado negativo a uno positivo.

Es importante que nos centremos en lo que queremos tener, no en lo que no queremos, por ejemplo, estaría mal pensar que "no quiero tener ansiedad" allí el cerebro no identifica la negación y se queda con el "ansiedad"

Si nos ponemos a pensar en que no quieres ver un gato naranja, seguramente la mente va a crear en la imaginación a ese gato naranja, por eso se tienen que dejar atrás las negaciones y centrarse en lo que sí se desea. Cambiar la negación de no querer estar nervioso por la afirmación de estar tranquilo.

El cerebro tiene muchos problemas para crear una imagen, es más sencillo para nosotros crear la imagen de tranquilidad, que una imagen de no estar nervioso. Lo primero es crear una imagen afirmativa, con lo que se quiere, del modo más nítido y con más detalles. Esto nos afecta y ayuda a visualizar mejor. La imagen cobra vida propia mejor.

Creemos un anclaje para relajarnos y poder dormir cómodamente en las noches. Cuando se tiene claro que se quiere crear un estado de relajación se pasa al otro punto.

Identifica cuándo tuviste ese estado que deseas

El otro paso sería pensar en alguna situación de las vidas donde hayamos tenido este estado emocional, que deseamos obtener. Por ejemplo, queremos relajarnos para dormir por la noche. Se tiene que detectar el pasado, donde se haya estado relajado e imaginar la situación lo más detallada posible.

A la vez se imagina ese día relajante, se tiene que poner la mano en el pecho, la mente asocia el movimiento de poner la mano en el pecho con la situación que puedes imaginar. Entre más detalles haya, más veces se repite el ejercicio.

Un ejemplo de anclaje

Mientras se lleva la mano al pecho, se cierran los ojos y se imagina un domingo en la mañana, al pararse para ir a la playa, el día antes acostado en la tarde, se va a la playa y apenas te tumbas en la toalla, en traje de baño, con una gorra beige, te quedas relajada, con sueño, oyes el ruido de las olas del mar, sientes el sol en la piel.

El gesto no tiene por qué ser colocarse la mano en el pecho, elegir lo que más guste, como apretar un dedo, tomarse la muñeca, enlazar dedos, apretar la oreja. Entre más detalles se recuerden del día, mejor funciona. Si puede ser, hay que ver colores en el cielo, ropa, sensaciones, accesorios, olores…

Cuando has imaginado con todo detalle con ojos cerrados y manos en el pecho, la mente ya asocia el movimiento de la mano con un día relajado en la playa, entonces, una noche que estás nervioso y no puedes dormir, te llevas la mano al pecho, y revives el día relajado en la playa y el relax vuelve al cuerpo.

Se tiene que practicar mucho, repetir a menudo el anclaje, entre más se repita más automático se vuelve el hecho de llevar la mano y sentirse relajado, el pode de la mente es grande, y ensayando se pueden dominar las emociones. Muchos usan la técnica del anclaje sin darse cuenta, por ejemplo, cambian de ropa para hacer una función y esa ropa les cambia las emociones, porque asocian la ropa al ensayo que tuvieron, la mente recuerda que con esa ropa tenían un modo de ser. Si alguna vez tuviste una experiencia con alguna ropa en concreto, para la próxima que tengas que enfrentar algo que te cree temor, si te pones la misma ropa te aportará una dosis de seguridad, que funciona en mayor o menos medida, depende de las situaciones y práctica.

La técnica del anclaje no hace milagros, pero constituye un alto grado de bienestar, porque la mente es el motor que domina el cuerpo.

PNL para seducir a las personas

La PNL se puede usar para causar un impacto en las personas, para seducir, no implican manipular o mentir a la persona que se quiere conquistar, tienen como destino mejorar las relaciones interpersonales y lograr una distención y más comodidad con la persona que se desea seducir.

El uso de la PNL para seducir personas no se riñe por la ética, no se trata de que finjas poses o simules que eres alguien distinto al que se presenta, para que luego aflore la personalidad real.

La PNL para impactar funciona para distintos sexos, se puede usar en hombres y en mujeres. La falsa y anticuada creencia de que la iniciativa de seducir debe ser de los hombres quedó atrás. Las técnicas se aplican también para relaciones homosexuales.

Hay quienes opinan que la seducción es un arte, pero no entremos en esto. Las habilidades para seducir se pueden desarrollar y perfeccionar. Hay un reto mayor en todo esto, y es hacer la seducción en repetidas ocasiones, puede parecer que la seducción es un acto que siempre nos sorprende, pero hay técnicas de PNL que permiten seducir muchas veces, requiere de imaginación dedicación, pero también creatividad.

Hay elementos básicos que ayudan a la seducción, en el hombre sirve para una buena colonia o fragancia y en la mujer un perfume discreto, igualmente es conveniente que cuides la higiene personal y la apariencia. Es importante que te relajes cuando abordes a la persona, es decir que te veas cómo en el lenguaje corporal.

Cómo hacerlo

Cuida la primera impresión, especialmente para la mujer, esta primera impresión es clave, porque, aunque se conozca mejor al hombre que la quiere seducir, le será un poco complejo cambiar el criterio.

No se está siempre ataviado perfectamente, o acicalado para abordar a la persona que quieres seducir sea porque estás en la faena o porque haces ejercicio. Cuando sea el caso lo mejor es que se sea paciente y se espere para abordar. Pero si lo crees conveniente, entonces puedes tomar el riesgo.

Dado el caso anterior, lo mejor es que te sinceres con la persona que quieres seducir y mostrarle que puedes presentarte mejor. Pero que en ese momento estás en la faena de trabajo, haces ejercicio y agregas la frase de:

Te va a sorprender verme arreglado/a.

Tienes que crear condiciones para que se dé el abordaje. Precipitar el momento a la persona que quieres seducir, esto puede ser un error malo, no solo porque se trata de estar bien y con un aroma excelente.

Se trata en lo posible de las condiciones, que estas sean las que convienen para abordar, no olvides que la PNL tiene que ver con la percepción de las cosas y cualquier impresión o información que quieras mostrar. El candidato a ser seducido es el equivalente un programa mental.

Las condiciones que debes cuidar

- Intenta con gran esmero que la persona que deseas seducir esté sola, si andas en un bar en una disco y hay un grupo de personas lo puedes invitar a bailar en la barra o tomar un trago.
- Tienes que procurar que encuentres un lugar donde no haya ruido excesivo.
- Si el candidato está acompañado, tienes que respetar la compañía, el tipo de relación que tienen, esto refleja la formación moral.
- El lenguaje corporal y las expresiones son importantes para que seduzcas con la mirada a los ojos de la persona. Esta es una señal universal que demuestra interés en el otro. Si la persona acepta la mirada o estas se cruzan, por lo menos en dos ocasiones, es el momento de abordar a la persona en cuestión, sin embargo, hay personas que son tímidas y las miradas directas le incomodan, por lo tanto, te tienes que asegurar que no sea el caso.
- En el misterio está el encanto. No hay algo que estimule más que un hombre y una mujer con un deje de misterio, por eso no reveles toda la información sobre uno, porque sería mala estrategia.
- Intenta en lo posible, de manera sutil, pero sin temor, hacer contacto físico, sea que toques la mano, seques el sudor, te

acomodes el cabello, te abotones o acomodes la camisa o vestido, esto crea lazos importantes en las personas.

- Usa un lenguaje positivo, proactivo, esto quiere decir que tanto hombres como mujeres nos grada una persona con pensamientos positivos, es decir que la persona destaca siempre el lado bueno de las cosas y no el malo y por proactivo se quiere decir que los mejores seductores protagonizan sus historias

Siempre protagonizan las historias, no se trata de egolatría, sino de mostrar la disposición para enfrentar y atender las situaciones. El hombre y la mujer proactivos toman iniciativas y riesgos. Pero en la mayoría de casos ganan más de lo que pierden.

Una mujer fue a una fiesta, pero no sabía bailar, cuando se le acerca una persona que había contactado visualmente, para sacarla a bailar, esta no dudó en salir, pero le dice al oído: "no sé bailar, pero por ser tú me arriesgaré a hacer el ridículo" y así, conectaron.

No contradigas lo que dice la otra persona, aunque no esté de acuerdo con los planteamientos iniciales, solo escucha, conecta y replantea.

La paciencia es clave para que seduzcas, no siempre se logra conecta con la persona que se quiere seducir, desde el inicio o en el primer encuentro, por tanto, hay que ser paciente y tener cimientos para un segundos, tercer y más encuentros

LA HIPNOSIS COMO INSTRUMENTO OSCURO

Conozcamos cómo con la hipnosis también se pueden tener intenciones oscuras que sirvan para manipular.

Origen de la hipnosis

Para poder conocer más sobre la hipnosis es importante que nos metamos en sus orígenes. No se tiene claro el momento en el que se origina la hipnosis, lo que sí es verdad es que desde que comienza la humanidad, hay indicios de que los hombres de todas las culturas usaban cada uno de distinto modo procedimientos hipnóticos con fines curativos.

Las civilizaciones antiguas como los aztecas, mayas, persas, griegos... ya usaban la hipnosis como medio para sanar. Es por eso que la hipnosis no es una novedad, desde los primeros tiempos ya existía.

Hace unos 3500 años, los egipcios usaban técnicas parecidas a la hipnosis, llamados templos de sueños.

Sin embargo, no es hasta mediados del siglo XVIII cuando se da el primer estudio sistemático de lo que era un estado psico fisiológico, especial que luego se llamaría hipnosis.

Franz Anton Mesmer, (1.734-1.815), con doctorado en medicina y filosofía, con 35 años, en Viena, escribe una tesis doctoral llamada De planetarium Influxu, es influenciada por las teorías de Paracelso, sobre la interrelación entre los cuerpos celestes y el ser humano. Mesmer formula la teoría de magnetismo animal, que nos venía a decir que todo ser vivo irradia energía o algo parecido al magnetismo físico de otros y que se puede pasar a otros, llegando a aplicaciones terapéuticas.

El hombre se instala en París y después, la influencia fue tan grande que se hizo medico de pobres y desheredados como de ricos y poderosos, incluso del propio rey de Francia, que determina que no había ninguna influencia o energía magnética en las curaciones mesméricas.

Los discípulos de Mesmer y los investigadores posteriores determinan que las curaciones llamados sueños magnéticos, se daban por una condición que se llamaba sugestión.

El cirujano escocés James Braid, (1795 – 1860) acuña el término hipnosis. Desde ese momento la hipnosis como terapia ha evolucionado, por lo tanto, se debe considerar como una técnica antigua, a pesar de ser tan antigua, no es conocida actualmente como debería, a lo mejor porque en su evolución ha pasado por periodos de mucha aceptación y también de olvido. Las últimas porque se tomó como un procedimiento acientífico, como si fuera algo místico, llegando a atribuir poderes sobrenaturales a los que la practican.

Por fortuna, en la segunda mitad del siglo pasado, comienza la hipnosis científica y con ello entramos a lo que conocemos hoy como hipnosis terapéutica.

Tipos

La hipnosis es un método que promueve los cambios en el comportamiento de la sugestión, basado en la definición de los basamentos que se pueden conceptualizar la hipnosis como un estado psicológico o como actitudes mentales, actualmente la comunidad científica la asocia con expectativas en las ondas del cerebro.

Aquí hablamos de 5 tipos de hipnosis más habituales, el método tradicional que se basa en la sugestión verbal directa, el que desarrolla Milton Erickson, la hipnosis cognitivo conductual, la autohipnosis y la programación neurolingüística, que sin ser un modo de hipnosis parte en gran medida la variante ericksoniana.

Vamos a describir las técnicas más conocidas en las que se incluye el uso de la hipnosis, claro, hay muchas versiones y seguramente haya profesionales que combinen más de uno de estos métodos.

Hipnosis tradicional (por sugestión)

La historia de la hipnosis se remonta a los métodos de Franz Mesmer, que incluía imanes y fueron conocidos a fines del siglo XVIII, luego James Braid muestra la oposición a la hipótesis mesmeristas y propone que la hipnosis era un estado nervioso mientras que Pierre Janet atribuye a la disociación psicológica.

La hipnosis tradicional se basa en la inducción de un estado de trance, una vez la persona hipnotizada lo alcanza, recibe sugestiones en formato verbal, en relación a la conducta o los contenidos mentales. Así el objetivo del método es influir en el comportamiento, sugiere a la persona que deje el hábito o creencia negativa.

Actualmente el método clásico sigue la forma de hipnosis más usada en el mundo. desde un punto de vista teórico se relaciona con la hipótesis de la mente inconsciente planteada por Freud. Este marca los desarrollos del psicoanálisis, además influye en orientaciones como el cognitivismo.

Hipnosis ericksoniana

Un tipo de hipnosis que desarrolla Milton H. Erickson, un psicólogo estadounidense que es considerado pionero en el campo y en la psicoterapia en general. No se puede confundir a este con Erik Erickson, psicólogo evolutivo alemán que se conoce por los ocho estadios del desarrollo psicosocial.

La hipnosis ericksoniana no se da por medio de sugestiones directas, sino con metáforas que ayudan al pensamiento reflexivo y creativo. Esto es porque tiene más eficacia que la hipnosis clásica en personas refractarias, con un nivel de sugestionabilidad bajo o que se muestran escépticas con el procedimiento.

La influencia de Erickson no se limita a la programación neurolingüística de la que se habla después. El aspecto central de la modelo de intervención, el peso de relación entre el terapeuta y el cliente en el proceso de cambiar, la recoge la escuela estratégica y con la terapia breve centrada en soluciones.

Hipnosis cognitivo-conductual

La perspectiva cognitivo conductual concibe la hipnosis como un sistema de métodos que promueve el cambio comportamental, por medio de la sugestión. Se cree que el fenómeno como una consecuencia de la interacción entre factores como la relajación física, la imaginación o las expectativas y creencias de las personas.

Hay terapeutas que se adscriben la orientación y emplean técnicas de hipnosis como complemento en intervenciones más amplias. Se ha aplicado a problemas variados como alteraciones del ciclo de sueño vigilia, las adicciones conductuales y sustancias o el trastorno de estrés postraumático.

Autohipnosis

Cuando una persona se induce a sí misma este estado por medio de la autosugestión, frecuentemente usa instrumentos que sirven de apoyo. Lo más común es la grabación en formato sonoro, y también hay aparatos que alteran las ondas del cerebro para modificar el nivel de consciencia.

La hipnosis se aplica sobre todo en problemas del día a día, que no revisten una gravedad particular, puede ser habitual el uso para desarrollar habilidades intrapersonales, e interpersonales, para que reduzcas el nivel de estrés e inducir relajación para enfrentar el miedo escénico, para perder peso o dejar de fumar.

Programación neurolingüística (PNL)

No podemos decir que se trate de un tipo de hipnosis, la programación neurolingüística se encuentra relacionada con estos métodos. el modelo de Milton se basa en desarrollar el método de hipnosis que desarrolla Milton Erickson, esta variante de la PNL se hace por medio de la sugestión y metáforas. Sin embargo, se ha criticado el uso de la intervención de los creadores de la técnica la hipnosis ericksoniana, porque los autores modifican o interpretan con error muchas ideas elementales.

La comunidad científica considera a la PNL como una pseudociencia, por lo tanto, la toman como fraude. Los postulados no se sustentan en bases empíricas, incluyen conceptos complejos para dotar a la teoría de credibilidad, las practicas son habituales en la pseudociencia.

Hipnoterapia

La hipnoterapia es un tipo de psicoterapia que se basa en métodos de relajación y concentración intensa, centra la atención en conseguir un estado elevado de conciencia que a veces llaman trance. La atención de la persona se concentra en esto, todo lo que pasa alrededor se bloquea o lo ignoran las personas en trance. En este estado de origen natural una persona centra la atención, con ayuda en pensamientos o taras específicas.

La hipnosis se considera una ayuda para la psicoterapia por el estado hipnótico que permite a las personas explorar pensamientos dolorosos, recuerdos, sentimientos que pueden esconder en las mentes conscientes.

La hipnosis permite que las personas perciban cosas de otro modo. Como el bloqueo de la conciencia del dolor. También puede ser usada para terapia o analizar a las personas.

La terapia de sugestión hace que la persona sea más capaz de responder a sugerencias, por lo tanto, la hipnoterapia puede ayudar a las personas para que cambien comportamientos como dejar de morderse las uñas o el tabaco. Puede ayudar a personas a que cambien percepciones y sensaciones y es útil para tratar el dolor.

Con el análisis, el método usa este estado de relajación para explorar la raíz de un trastorno o síntoma. Como un evento pasado que una persona esconde en la memoria inconsciente. Cuando el trauma se revela puede dirigir la psicoterapia.

¿Qué sucede en una sesión de Hipnoterapia?

La tarea que se da es la de establecer una relación con el cliente, esto es que se anime a hablar acerca de las preocupaciones. El terapeuta puede pasar tiempo con el primer lugar para hacer una historia clínica. El examen sirve para que entre el terapeuta y el cliente se sienta seguro y cómodo para entrar en el trance.

Las metas de esto se discuten entre las partes, proporciona una explicación que consiste en hipnosis. Cualquier pregunta o idea errada también se trata.

Hay muchos modos de lograr el estado de trance, por lo general el cliente se sienta en una silla cómoda y el terapeuta habla con una voz lenta, suave, se le puede pedir que imagine o mire caminando por un camino, le puede hacer visualizar por un camino o lo puede hacer mirar a un punto fijo, simplemente escuchar el sonido de la voz del terapeuta. Se entra en el trance, el terapeuta hace que se cuente de diez a uno o pide que se imagine caminando unas escaleras. Sentirás la relajación, pero consciente del entorno.

Para volver a plena conciencia el terapeuta puede contar de uno al diez.

La duración depende del problema que se trate o los síntomas de la persona. Con algunos se trata rápidamente y con éxito, con otras puede tomar varias sesiones.

En el proceso de esta terapia se enseña a los clientes a entrar en la auto hipnosis como parte de una serie de tareas. La primera sesión dura hasta hora y media y las demás lo mismo o poco menos.

Tienes que tener presente esto de la hipnoterapia

- No se puede hacer contra la voluntad de la persona o cuando las personas estén en control completo de las sugerencias dadas.
- Todo objeto de la hipnosis clínica es para recuperar el control de la hipnosis que se ha perdido y por tanto se ha traducido en síntoma o problema
- Se estima que el 85% de las personas puede responder a la hipnosis.

Sus beneficios

Permite que una persona sea más abierta al a discusión y la sugestión. Se mejora el éxito de otros tratamientos para muchas enfermedades, incluye:

- Depresión.
- Estrés
- Fobias, miedos, ansiedad.
- Dolor de la pérdida.
- Trastornos del sueño
- Estrés postraumático

La hipnosis puede ser usada para controlar el dolor y superar hábitos como comer o fumar mucho. Puede ser útil en personas con síntomas graves o que necesiten gestión de crisis.

Desventajas

Puede no ser apropiada para una persona con síntomas psicóticos, como delirios y alucinaciones, para alguien que usa alcohol o drogas. Se debe usar para controlar el dolor solo luego que un experto ha evaluado la persona para cualquier trastorno físico que requiera intervención quirúrgica. La hipnosis es una manera menos eficaz de terapia que otros trastornos psiquiátricos.

Hay terapeutas que usan la hipnosis para recuperar recuerdos reprimidos, que a lo mejor se relacionan con trastornos mentales. Sin embargo, la hipnosis plantea un riesgo de crear falsos recuerdos, normalmente como resultado de sugerencias sin intención por parte del terapeuta, por eso el uso de la hipnosis tiene controversia.

La hipnosis no es peligrosa como tal, siempre y cuando no busque el control mental o el lavado de cerebro. Todo depende siempre de quien lo use.

Hipnosis encubierta

La hipnosis secreta es una influencia sutil de la mente de un sujeto por medio de una conversación normal sin que se dé cuenta de que está hipnotizado, la técnica se usa con la mente inconsciente de una persona y usa la imaginación del sujeto para abrirlo a sugerencias. Se trabaja para poder modificar el comportamiento y las acciones del participante de una manera sutil que cree que el resultado fue por su propia voluntad.

El diferenciador clave entre hipnosis encubierta y la tradicional es que el sujeto no es consciente de la práctica de la hipnosis alcanza el estado de hipnosis sin esfuerzo consciente. El hipnotizador aplica a técnicas secretas para influir en las personas y todo el fenómeno no es tan sutil que logra la hipnosis, el resultado final se alcanza con el conocimiento del sujeto.

Se asocia a la hipnosis con la imagen de la persona acostada con los ojos cerrados y en trance, la hipnosis secreta índica un tipo distinto de trance, donde los ojos de la persona están abiertos. La hipnosis secreta, la mente del sujeto que se prepara para recibir instrucciones por medio de la supresión de la menta analítica, el tema se activa por medio de palaras de activación. Seguidas sutilmente por comandos que alteran el comportamiento, lo que se da mientras los ojos del sujeto se abren y mientras se está de pie o sentado. El trance se hace sutilmente, la persona ignora lo que ocurre.

Es una técnica usada en la hipnosis secreta, es la construcción de una relación que le gane al hipnotizados la atención y confianza de la persona, los hipnotizadores crean una conexión al subconsciente de la persona por medio de métodos. el más popular de loa cuales es el reflejo.

El hipnotizador imita sutilmente las acciones y gestos del sujeto, crean una conexión subconsciente y obtiene la confianza y cooperación del sujeto, luego influye en las etapas que siguen a la hipnosis. Este tipo de hipnosis no tiene los ojos cerrados, el sujeto relajado de la hipnosis tradicional puede buscar señales para identificar a un sujeto en este estado. Los signos comunes incluyen pensamiento crítico, escucha activa, comportamiento simpático. Cundo se ve que el sujeto tiene un comportamiento sugerido o ha ideado una idea que fue influenciada entonces se habrá logrado la hipnosis secreta.

Hipnosis conversacional

Aprende a jugar con el cerebro de los demás. es el mejor método para que aprenda a meterte la gente en el bolsillo.

La hipnosis se fundamente en dominar técnicas y herramientas de control mental para tratar que otro haga lo que queremos, haciéndole creer que es esa su voluntad. Esto no es magia, son juegos cerebrales, aplicaciones, todo para lograr que el interlocutor más cerril, caiga ante nuestros pies.

Podemos usar la hipnosis conversacional para conseguir las metas, que una persona olvide un detalle que queremos que pase por alto o que tenga un recuerdo o un aspecto que refuerce.

La conversacional apela al cerebro primitivo, al reptiliano, para conectar con la mente del interlocutor antes de acudir al filtro racional, porque según el hipnotizador, no es lo mismo decir directamente que somos valientes y trabajadores que exponer las dos capacidades en una historia que conecte con la otra persona.

Suena bien, pero es complicado, por eso cualquiera puede practicar la hipnosis conversacional. Todo el mundo trabajando en ello, la puede aprender a usar, exprimir la potencialidad, si se basa en aprender códigos básicos cómo no lo haremos.

Se maneja así:

Establece un marco

Establece relaciones de poder donde uno tiene el control y el otro obedece, es tarea del hipnotizador hacerse con el mando. Se debe mostrar cómo la gente maneja la conversación, lo que establecen los tiempos, lo que organiza el escenario. Aunque sea el cliente quien recibe en la oficina, aunque sea este el que otorgue los minutos, tiene que ser el hipnotizador quien tenga la capacidad de darle vuelta a la situación y hacer suyo el espacio. Puede decir por ejemplo que:

No necesito quince minutos, puedo explicar esto en diez.

Generar rapport

Es un clima de confianza, es buscar relaciones con el otro e imitar sutilmente los gestos, la postura, hablar el mismo tono. Cualquier actitud que transmita sintonía con el otro hace que este se sienta cómodo con la conversación, que no sienta miedo, que al final sea más receptivo a las palabras.

Crear un patrón de cambio.

No es lo mismo que se expongan las características solo citándolas que crear una en torno a ellas. Los mensajes envueltos en anécdotas que conecten con el cerebro reptiliano, el que activamos en el interlocutor. No es lo mismo razonar con un relato que somos. La exposición directa genera recelo en el otro, el serpenteo que encamina a la idea logra que el otro perciba como válida y que no la cuestione.

Acabar con ideas de compromiso y fuerza.

Es cerrar la exposición, buscar implicación de otro al cien por ciento. Es el broche al proceso, es tratar de que otro asuma como propios los mensajes y que haga sus objetivos. Al practicar las técnicas se logra influir en el otro sin que se entere.

Ya todo es cuestión de probar, de darse cuenta de que el cerebro aun es desconocido, pero no tanto como se cree.

Hipnosis y lavado cerebral

La primera es un estado mental que logra disociar el consciente del inconsciente por medio de inducción hipnótica, logra un estado de sugestibilidad que permite que el hipnotizado acepte las sugerencias o indicaciones como reales.

En el otro hay una persuasión que permite un cambio en el pensamiento, conducta o creencia de una persona o sociedad, por medio del uso de violencia verbal, psíquica, física entre el que lava y la población lavada. Esto permite un control mental especialmente de la ignorante, lo que permite sumisión de los pueblos a la esclavitud a explotación sexual y creación de sectas religiosas como el Ku Klux Klan, sectas de Hitler, fascismo, estalinismo, los estados totalitarios del siglo pasado y de este, los objetivos se fueron logrando por medio del control de los modos de comunicación y el sistema educacional como medios de comunicación y la educación que permiten el autoengaño del pueblo.

En los hospitales psiquiátricos de la URSS, donde eran llevados los políticos y disidentes, los psiquiatras del sistema decían que las ideas de lucha por la verdad se hacen en mentes paranoicas, por lo que estas personas eran sometidas a electroshock, shock insulínico, drogas psicotrópicas, aislamiento, trabajo forzado, donde muchos morían otros quedaban con problemas cerebrales que no tenían solución.

Algunos quedaban con el lavado cerebral a favor del sistema, en la Alemania de Hitler, por ejemplo, Joseph Goebbels, como canciller y ministro de propagandas empleó en las masas el método "Argument ad nauseam" o falacia nauseabunda, que logró lavarle el cerebro a la masa sin cultura.

Para los de oposición era algo más de lo mismo, el fracaso hace que lo lleve a suicidarse con su esposa e hijos, el fundamento del lavado de cerebro en masa, en Estados totalitarios, posee estos fundamentos:

- Charlas frecuentes del líder y acólitos, por horas, lo que permite un estado de sueño, que permite racionalizar lo oído.
- Desinformación, para impedir que las personas tengan la realidad del sistema de vida, por medio de un bloqueo de información escrito, TV y radio.
- La satanización por medio de actos, opiniones, religión, en cosas nocivas, lo que permite que se use la represión. Todo esto da pie a mostrar la hipnosis para manipular masas.

Vamos más allá, por ejemplo, la canción Despacito dicen que busca robotizar a millones de personas y que al parecer elevó las ventas de un perfume en un 70%. A lo mejor en las imágenes de video determinados juegos de pixeles y luces organizan el nombre y colores de la marca.

A lo mejor en medio de la letra, de algunos acentos, de altas y bajas de decibeles, repiten el nombre del perfume, otras combinaciones sensitivas pueden causar un impacto. Es un modo de hipnosis.

Este es un ejemplo para mostrar el fenómeno de la emisión de mensajes subliminales, aunque con otros temas. Canciones que han sido objeto de propaganda oculta, todos estos mensajes influyen en nosotros.

Son mensajes subliminales, datos, claves diseñadas, pasan por debajo de los límites normales de percepción, normalmente cualquier individuo concentra la atención en lo que dicen los sentidos, lo que no advierte es que los demás sentidos también reciben y acumulan un caudal de datos que los condiciona en las acciones. Este nivel de información atraviesa umbrales de la consciencia, en otras palabras, es subliminal.

Se parece a cuando se le da un medicamento o veneno a una mascota, se envuelve en un pedazo de carne y entonces ingresa sin ser percibida el organismo y desata efectos. Eso puede suceder en un supermercado, una iglesia, un centro político, el cine, un concierto. Aseguran que normalmente se dan allí donde se condicionen pantallas parlantes y escenarios, incluso micro escenarios que aportan tecnología.

Se investigan desde hace medio siglo, decenas de estudios intentan demostrar cómo la hipnosis colectiva dejar de ser un espectáculo para ser un arma de políticos, comerciantes, religiosos… aceleran el desarrollo, los grupos selectos, psicólogos, lingüistas, ingenieros, sociólogos…

Más allá de los clásicos tactos, oído, vista, olfato, los científicos descubren que el cerebro alberga al menos 37 sentidos, esta por ejemplo la propiocepción, la ecolocalización, y allí se abre la puerta para manipular y generar razonamientos.

Sobra decir que el cerebro puede ser bombardeado con juegos de luces, olores, sonidos, combinaciones cibernéticas. Los juegos formales van con la percepción consciente. Los estudiosos del os mensajes subliminales muestran cómo el nivel de percepción inconsciente se pueden instalar con amenazas, órdenes y seducciones.

Desde principios de los sesenta se demuestra que la manipulación se puede hacer con la Técnica del cuadro 25. Leyendas invisibles a la vista, agregadas a los 24 cuadros por segundo de una cinta cinematográfica, condicionan la conducta del espectador. Los asistentes veían a Marlon Brando sin advertir que la otra parte leí que consumiera Bebida Cola o Compré palomitas de maíz. Por medio de mensajes inscritos en avisos luminosos los induce a aceptar los productos.

En estos tiempos se obtiene la patente oficial de un aparato que puede proyectar mensajes ocultos, como el taquitoscopio. Es un aparato que muestra a una persona imágenes luminosas en fracciones de segundo. Luego se ve lo que más se notó y se planifica el acondicionamiento, se abren debates intensos como no se han resuelto sobre el peligro y la efectividad.

A mediados de los setenta, se multiplican las investigaciones, donde denuncian las prácticas de difusión de mensajes ocultos por parte de muchas compañías comerciales. Varias reflexiones se plantean en los textos y que quedan sin aclaración como que el costo del aparataje publicitario superaba el total del recurso comercializado.

Todo esto aviva las pruebas presentadas que tenían polémicas intensas, entre intelectuales y científicos. Luego motivan a miembros del congreso para que propongan mensajes subliminales, luego surge la fobia de los intelectuales de izquierda como las investigaciones que apuntan a prácticas de adoctrinamiento hechas en la Unión Soviética y China. Estos estudios llegaron incluso a tocar la CIA.

Descubren técnicas con las que experimentan los nazis, pasan la CIA y después a empresas de gaseosas, luego advierten que la KGB desarrolla sus métodos y los llegan a aplicar en cultos religiosos como en organizaciones guerrilleras. No se niega la efectividad, solo si es mayor, total o relativa.

Desde ese momento han transcurrido los temas marcados por la polémica, entre críticos escépticos y quienes aceptan lo denunciado. Intelectuales como Noam Chomsky e Ignacio Ramonet se ven convencidos del peligro subliminal. El debate se reinicia en oportunidades disímiles entre sí. Detonante singular como la tragedia de Guyana, liderada por una persona afecta al uso de efectos de sonido y discursos apocalípticos

El 18 de noviembre de 1978 el reverendo Jim Jones ordena el asesinato de 912 miembros de una secta del Templo del Pueblo en Guyana. Este es considerado el mayor caso de autoinmolación de esta era.

Jones había constituido años antes un credo que mezclaba evangelismo con comunismo, luego se va con sus seguidores a Guyana y establece lazos con gobiernos socialistas del Caribe.

Una comisión congresal llega ese año a Guyana a investigar denuncias sobre varios delitos en la secta, cuando la comisión volvía a Norteamérica los seguidores de Jones disparan a los investigadores, luego el reverendo pronuncia por sus parlantes la clave "noche blanca" y se desencadena una ola de 500 suicidios y más de 300 asesinatos de bebés a manos de los miembros del Templo del Pueblo.

Este debate llega a Asia en 1998, cerca de 80 niños japoneses deben ser hospitalizados mientras pasaban convulsiones, todos tenían ataques mientras veían un capítulo de Pokemon, esto por unos altos niveles de luz. en investigaciones posteriores descubren que Pokemon tenía mensajes infrauditivos que predisponían la violencia.

En Rusia en 2003, el gobierno de Putin inicia una investigación contra dos empresas de mercadeo, ambas habían sido objeto de denuncias por el uso de mensajes subliminales. Ese mismo año en Venezuela el ya fallecido presidente Chávez acusa a un canal ya cerrado, RCTV y Omnivisión de haber difundido propaganda subliminal previa al golpe de estado del 2002.

En 2017 el debate sobre la manipulación subliminal suma otro caso que es con Trump, el investigador alemán Martin Hilbert dice que es gracias a la manipulación tecnológica. Antes de él, Obama apeló a las mismas armas, mientras que Hillary Clinton no invirtió en ellas.

Hilbert explica en una entrevista, que la empresa Cambridge Analytica es contratada por Trump. La agencia organiza pedirles de 250 millones de votantes gracias a las redes sociales, adaptan los mensajes de campaña según perfiles y circunstancias. Añade que Obama hace algo parecido en 2012, pero solo con 16 millones de electores.

Teniendo entre 100 a 350 likes tuyos, se puede predecir tu orientación sexual, etnia, religión y política, la inteligencia y la felicidad, si tomas drogas, si los padres están o no juntos, y más. Los algoritmos pueden predecir el resultado de un test de personalidad mejor que la pareja de toda la vida. Con 250 likes, mejor que tú mismo.

Entonces, se tienen unos 5000 puntos de datos por cada estadounidense, cuando los clasifican los comienzan a atacar, el tercer debate de
Clinton, por ejemplo, en el tercer debate con Clinton, Trump plantea un
argumento, y los algoritmos crean 175 mil versiones sobre el mensaje,
con variaciones de color, en la imagen, el subtítulo, lo mandan perso-
nalizado. Si Trump dice por ejemplo que está en el derecho de tener
armas, algunos reciben la frase con la imagen de un criminal que entra
a casa, porque es gente miedosa, otros que son más patriotas la reciben
con la imagen de una persona que va de caza con su hijo. Es la misma
frase y con dos versiones, pero se crean 175 mil. Es un claro lavado de
cerebro.

Junto a esto, hay otras decenas de denuncias, entre ellas están acusadas
la tabacalera Camel, la revista Playboy, la empresa de lociones IFF, y
hasta Disney quien no podía faltar en el escándalo.

En Estados Unidos y Canadá hay por lo menos 35 empresas que
ofrecen servicios de propaganda subliminal. Las tarifas oscilan entre
los 18 mil dólares para confeccionar un anuncio impreso, hasta cientos
de millones para una campaña multimedia. El trabajo incluye sondeos
públicos junto con ensayos de efectos sobre grupos focales. Tienen
condicionamiento político social, contrainteligencia, hasta existencia o
no de limitaciones sociales.

Ya el desarrollo tecnológico ha dejado atrás al taquitoscopio, en el
presente los instrumentos son de diseño exclusivo y secreto de las
agencias. Entre los que están se usa el criptógrafo, cámaras oculares,
psicogalvanómetro, diafanómetro y reguladores de luz. todos apuntan a
percepciones y reacciones humanas, con registros de precisión de milé-
simas de segundo.

Una persona que ahora visite un sitio donde atienda a las palabras del
guía espiritual, sin que se dé cuenta escuche la reverberación de los
parlantes de la orquesta emitiendo vibraciones de baja frecuencia. Esas
vibraciones deprimen según estudios, entonces hacen que esa persona
se sienta la peor de todas. luego en el éxtasis de la prédica otra vibra-

ción lo lleva a la sensación de estar libre de los pesares, salvado diría el guía religioso.

Así de simple enganchan.

A lo mejor la persona ha optado por ir al super a hacer unas compras, entonces la pupila de ese cliente es estudiada para ver dónde se detiene más tiempo, los parlantes transmiten una melodía, una para toda la cadena. Pero en el subconsciente el visitante siente que se tiene que relajar, complacer, relajarse y complacerse.

Por eso es que muchas veces se entra a por pan y jabones y se sale con cuatro bolsas de chucherías, y hasta un perfume para el perro.

Según las investigaciones, las etapas de consumo de mensajes sublimi-nales, crece insensiblemente. La elección de autoridades, referéndums, consultas, motiva el cruce de variables e intereses. Curiosamente para esto, se han multiplicado por cuatro o más este tipo de sucesos.

Esta debe ser la razón por la que muchas veces olvidamos los pecados de los políticos, no olvidamos las imágenes ni sus canciones de campaña. Como se ve, la hipnosis colectiva es más común de lo que quisiéramos.

Y nadie se salva de ella.

CÓMO SALIR DE LAS RELACIONES MANIPULADORAS

Es verdad que cada uno de nosotros es diferente y único, pero al a hora de disfrutar del entorno y las relaciones sanas a nivel emocional, es importante que se sepa si tenemos cerca de un manipulador, a una persona que nos genere daño. Como ya sabes, hay muchos tipos de manipuladores.

Entonces primero tenemos que aprender a comunicarnos con un manipulador, es una persona con habilidades para hacerte sentir culpable, para mentirte, manipularte y construir relaciones que duran años, pudiendo evitar consejos y leyes de seguridad creadas por expertos en estrategias de comunicación.

No olvides que tienes unos derechos que nadie puede violar, tienes derecho a:

- Ser respetado por los demás
- Expresar las emociones, deseos y opiniones
- Establecer prioridades
- Decir no sin sentir culpa
- Recibir lo que pagaste.

- Expresar puntos de vista, aunque sean diferentes a los de los demás
- Protegerte de amenazas físicas, morales y emocionales.
- Construir la vida acorde al concepto de felicidad.

Es recomendable que se recuerde que hay límites de espacio personal, porque un manipulador no respeta derechos y afecta los límites constantemente. No olvides que eres responsable de tu vida.

Mantén la distancia

Mientras estás comunicándote con el manipulador este va a pretender cambiar la máscara constantemente, pudiendo ser muy cortés y por el otro agresivo, rudo. La distancia emocional y hasta física ayuda a saber en qué momento finge amabilidad para luego tener algo a cambio, por otro lado, la astucia también le hace saber que puedes llegar a sospechar que intenta manipular, de este modo la simpatía puede ser un arma para que dejes de pensar mal sobre el modo de actuar.

Puede también tener una actitud de víctima e inseguridad, si ves que una persona del entorno muestra carácter que refleja extremos, lo mejor es que mantengas la distancia y que seas prudente a la hora de relacionarse con ellos, porque podría hacerte creer que eres culpable del estado, en caso de que se haga la víctima. De esta manera al hacerte sentir culpable puedes hacer que te sientas en deuda con él y lograr así algún favor.

La personalidad manipuladora tiene origen en la infancia, no es un problema tuyo que puedas solucionar, o tienes que educarte y corregir el comportamiento.

Realízale preguntas de prueba

Hazte preguntas de prueba para que averigües si la persona tiene algo de autocrítica o pudor, características que un manipulador no tiene:

- ¿Te parece que eso que me pides es justo?
- ¿Es esto justo conmigo?

- ¿Puedo tener una opinión de esto?
- ¿Me lo preguntas o afirmas?
- ¿Qué me das a cambio?
- ¿Crees que yo de verdad…?

No corras

Una característica clave de los manipuladores es que te lleven a responder y reaccionar al instante ante situaciones determinadas. Con poco tiempo de reacción por su parte, puede manipularte más fácil. Puede pretender reacciones rápido, pero estás en tu derecho de tomarte el tiempo, pues no creas que porque te presionan debes responder de manera inmediata.

Cuando sientas presión, toma un respiro y no te apures a tomar decisiones, decir lo pensaré permite que mantengas el control de la situación, además te hace respetar y fijar los límites ante la persona con la que hablas. Dejar que el otro tome el control de la situación te hace su víctima, así que deja un espacio para reclamar y responder, le demuestras que no puede obtener todo de ti sino lo que deseas.

Aprende a decir "no" al manipulador

Saber decir que no, permite que pongas límites y te des respeto, esto hace que el entorno también cambie. Cundo dices que no, dejas claro que no siempre conseguirás de ti lo que quieren, pero, no es que adoptes una actitud negativa, sino que evites que se aprovechen de ti. Un no oportuno permite que mantengas una buena relación con la otra persona. Recuerda que tienes derecho y te mereces escoger el camino a tu felicidad. No sientas culpa por decir que no.

Comparte con él/ella las posibles consecuencias

Ante situaciones donde sientas que hay agresión, tanto verbal como emocional, tienes que hacerle saber al manipulador las consecuencias de las acciones

La capacidad de adelantarte y exponer los resultados es uno de los métodos efectivos para comunicarnos de manera eficaz así cambias la actitud hacia ti, haces evidente el plan y de este modo le quitas poder.

Defiéndete de sus burlas

En ocasiones un manipulador buscar asustar y causar dolor, por medio de ofensas y burlas, es bueno que cuando suceda tengas presente que ellos se aferran a lo que tienes como debilidad, nada más.

Si te mantienes pasivo, y sigues el juego, seguirá aprovechándose de ti, en el momento en que hagas frente y te defiendas, la persona por naturaleza comenzará a retirarse.

Por otro lado, el uso del humor es una técnica para que te defiendas, cuando el manipulador intente atacar, pero sus palabras se vuelvan en humor por tu parte, neutralizarás el mensaje y le harás perder poder.

Muchas investigaciones demuestran que este tipo de personalidad ha sido víctima de abusos en la infancia o durante la madurez, no justifica los actos, pero es importante que se tenga presente para responder a sus acciones de manera plena y sana

Dicho todo esto, vamos entonces con la forma de librarse de la manipulaciones.

Primero que todo aprende a detectar

Los manipuladores emocionales son como lobos con piel de cordero, usan estrategias de chantaje emocional con las que consiguen poner a los otros a su disposición, son grandes oradores que le dan la vuelta a las cosas con mucha conveniencia. Son personas que embaucan con la distorsión cognitiva y la explotación de las emociones, el manipulador crear beneficios o privilegios a expensas de la víctima. El manipulador crea a propósito un desequilibrio de poder que le permite inclinar la balanza a su favor, y así explotar a otra persona, pero no lo hace sin que sea evidente, usa la mentira de forma inteligente e incluso negando cosas para confundirnos.

Con el tiempo la persona manipulada terminar llevando una vida que no la que quiere, sin darse cuenta se pone a expensas del manipulador, pone por encima a la otra persona ante sus necesidades e intereses personales. Al ser manipulados se acaba minando la autoestima, el autorrespeto, genera inseguridades, insatisfacción e inseguridades, lo peor es que muchas veces la víctima justifica al manipulador e incluso se siente culpable de la situación.

Características del manipulador emocional

Las personas manipuladoras no suelen tener escrúpulos, cuando detectan puntos débiles lo usan para manipularte, si logran el fin harán que renuncies a las necesidades y los valores para poner los suyos por delante, normalmente envuelven poco a poco a las personas en su red.

Los manipuladores son personas inseguras, con poca autoestima, pero sin embargo intentan dar la imagen opuesta, los temores, las inseguridades son encubiertos con actitudes egoístas y dominantes, la inseguridad del manipulador hace que tengan técnicas para resolver los problemas, basados en agresividad activa o pasiva. Son egoístas y tienen un déficit de habilidades sociales, especialmente de asertividad, que los lleva a usar medios sutiles para conseguir que los demás hagan lo que este quiere. Luego son más agresivos, pudiendo llegar a ser violentos. Por la inseguridad se sienten incómodos en todo tipo de relaciones, esto los lleva a ser rígidos, juzgar a otros, y hacer ver que solo ellos tienen la razón o la verdad total, son ellos contra el mundo y quien no piensa como ellos o se adaptan a los deseos, con desvalorizados

Tienen baja tolerancia al a frustración. Experimentan situaciones que les frustra o les ponen en entredicho la posición o el poder reaccionar con rabia, se ponen alerta y atacan desde la intolerancia, la crítica destructiva o incluso la agresividad física si se sienten amenazados.

Para ellos nunca es suficiente, el manipulador pide y exprime sin límite. Este satisface su propio ego por medio de la manipulación, siente que si tiene al otro a la mano o lo doblega le hace sentir poderoso usa a los otros para lograr sus fines, el manipulador no suele dejar libre a las presas, sino que busca sacarles todo para que este siempre tenga que sacrificar más y más.

Estrategias del Manipulador

Como ya sabemos son muchas las formas de manipular que tienen ellos, pueden ser agresivos, sean activos o pasivos, también de un modo sutil, la manipulación más auténtica es la que se hace sin que se note, cuando se logra motivar a la otra persona para que se comporte igual que le manipulador, saliendo de ella misma, la agresividad entra más en el terreno del chantaje emocional.

Agresión pasiva, victimismo, chantaje emocional, suelen asumir el papel de la víctima, el comportamiento se encamina a genera culpa en el otro. Como el de culpar de manera directa, diciendo "por tu culpa me siento así" o culpar a terceras personas diciendo que usan el mecanismo por el cual el receptor del mensaje analiza el comportamiento u descubre que de alguna forma el también hizo algo similar, asó que termina sintiéndose mal.

También señalan a los otros como responsables de la infelicidad futura, si no haces algo, se incrementa el grado de sufrimiento en la vida del que manipula, serás el único culpable, si no me ayuda con esto no conseguiré entregarlo a tiempo y me van a despedir, si me quisieras harías esto o lo otro.

Resaltan lo mucho que se sacrifican por los demás, tienen una agenda escondida donde anotan todo lo que han hecho por ti y por los otros, paree mentira que te quejes de que no te llamen por el cumpleaños, cuando tienen toda la vida sacrificándose por nosotros, eso dicen. Es increíble que me pidas que te ayude con esto cuando sabes que he estado todo el día cargando a nuestro hijo enfermo todo el día.

Ignorar es un modo cruel de maltrato psíquico a pesar del carácter pasivo, si no te dirige la palabra ni la mirada una persona a la que quieres o con la que tienes un tipo de relación, suele sentirse un profundo malestar. Los seres humanos somos sensibles al rechazo y a una expresión directa nos revuelve por dentro. Se repliegan en sí mismos por completo y ni siquiera te miran, mientras se muestran incluso más amables con los demás, te dicen lo imprescindible o menos aun que eso, si intentas conversar con ellos y aclarar lo que ha pasado, o exponer tu punto de vista, responden que, si tienen a bien hacerlo, déjame en paz, si nos enfadamos, adoptan el papel de víctimas o se ofenden por el enfado nuestro.

El victimismo como ya sabemos es otro de los elementos, para estas personas ellos siempre ven lo peor de todo, se aprovechan de ellos, se describen como pobres víctimas humilladas y maltratadas. Despiertan sentimientos de culpa y te manipulan.

Agresión activa, maltrato, acoso moral, el arma fundamental de los agresores activos es la violencia verbal o física. Gritan, culpan a los demás, amenazan, aunque en algunas ocasiones cumplen el aviso, se sirven siempre de enfados y amenazas, cuando uno está con ellos siempre sienten miedo.

La crítica destructiva, cuando una persona que nos importa realiza una crítica negativa se puede tender a pensar que puede ser cierto, que somos unos miserables aprovechados o unos impotentes. De este modo se induce la culpa.

Hacer juicios sobre la valía de la forma inespecífica es un modo directo donde se emite un mensaje de me has defraudado, pero no te dicen por qué.

Atribuir una etiqueta negativa, algunos ejemplos son el estás loca, no hay quien te entienda. Eres un machista, eres un egoísta…

Los manipuladores que hay

En ocasiones un manipulador puede usar varios de estos estilos en distintos estilos en estos momentos.

La víctima es una persona que usa el chantaje emocional, es común que el manipulador asuma el papel de víctima y se adjudica el rol de verdugo, para estas personas los demás siempre son culpables, ellos son las víctimas, por ser muy buenos, con este discurso despiertan la culpa en el otro.

El dependiente es un manipulador que se pone una máscara de persona débil que necesita que le ayuden y depende de los otros, pero detrás de esa apariencia de corderos realmente se esconde un lobo que manipula los sentimientos y hace sentir responsable, como si la felicidad dependiera de ti, de cómo te comportes con esa persona.

El agresivo es la persona que usa la estrategia de manipulación de manera activa, se encargan de demostrarse que son los más fuertes, de tal modo que la personalidad se diluye, pues logran que termines cediendo para evitar peleas

Está el interpretador, que es maquiavélico, pasivo agresivo, al inicio parece que está de tu lado, pero usa constantemente palabras contra ti, son expertos manipulando, y ponen las cosas a su favor, suelen encontrar y atribuir intenciones escondidas en los mensajes y actos, así generan un sentimientos de cupa por algo que nunca has hecho o dicho.

El sarcástico son personas agresivas, pero de manera indirecta, con comentarios sarcásticos, las personas veladas con humillaciones, de este modo demuestran ser superiores, denigran, logran manipularse a su antojo.

El proyector son las personas orgullosas, son perfectos solo ellos los demás son brutos, llenos de defectos, cada que tienen oportunidad te lo hacen notar, te dice que te equivocaste, que no cumpliste los parámetros de calidad, generan así inseguridad y falta de confianza. Ellos mientras tanto alimentan el ego.

¿Cómo enfrentarse a un Manipulador emocional?

Si sospechas que estás siendo víctima de un manipulador emocional, te tienes que preguntar si:

- ¿Me siento culpable o inferior?
- ¿Me he dejado de lado en esta relación?

- ¿Siento que me tratan con respeto?
- ¿Siento que tienen en cuenta mis necesidades e intereses?
- ¿Las expectativas y demandas de esta persona son razonables?
- ¿Se trata de relaciones equilibradas donde los dos dan y reciben o donde solo uno da y el otro no entrega nada o poco a cambio?
- ¿Te sientes bien contigo mismo en la relación?
- ¿Te sientes tú mismo en esta relación? ¿Te sientes incómodo, pretendes hacer lo que se espera de ti?

El cómo te sientas va a darte pistas sobre el tipo de relación y el equilibrio.

El primer paso es que le hagas frente a un manipulador y seas consciente de que los derechos son violados y reequilibres la balanza. Defender los derechos de manera firme, pero sin hacerle daño a otros.

Ten presente que:

- Tienes derecho a que te traten con respeto, dignidad.
- Tienes derecho a que digas lo que piensas, sientes y deseas.
- Tienes derecho a decir no sin que sientas culpa.
- Tienes derecho a protegerte ante amenazas físicas, mentales o emocionales.

Ante los manipuladores es inútil en estos casos intentar cambiar a la otra persona o desgastarte para hacer que entre en razón eres tú quien tendrá que cambiar el modo en el que te comunicas con el manipulador, detectar las tramas y no caer en ellas. Es clave que desarrolles la asertividad y pongas límites. Aprender a decir que no y a no anteponer las necesidades de otros a las tuyas.

Ante los intentos de manipulación puedes aclarar las intenciones usando la técnica de la pregunta asertiva, por ejemplo:

- ¿Qué es lo que debería responder, según tú?

- ¿Me lo pides o me lo comentas?
- ¿Puedes aclararme un poco mejor por qué piensas esto?

Puedes usar distintas técnicas para que afrontes discusiones con los manipuladores. Así enfrentas la manipulador con las herramientas que pueden ser.

- Recordar los derechos y fortalecer la autoconfianza
- Técnicas de comunicación asertiva.
- Poner límites y mantenerte firme.

Si los intentos de comunicación asertiva y poner límites no funcionan, seguramente tienes que alejarte definitivamente de esta persona y ayudarle a que busque ayuda profesional.

Sé asertivo

Uno de los remedios más efectivos para luchar contra la manipulación es la asertividad, un manipulador es una persona que usa la fuerza, aunque sea mental, una la superioridad para someterse a los deseos, lo peor es que pretende hacerlo sin que te des cuenta, pero cuando no lo logra por las buenas suele usar otro tipo de trucos más evidentes como la amenaza que no es otra cosa que manipular usando las emociones, en este caso es el miedo, ante esto no debes contraatacar, si lo haces le das las armas al manipulador.

Veamos las razones por las que no es bueno que enfrentes a una persona manipuladora y no caer nunca en los juegos, como se dice normalmente, no te pongas a su nivel, piensa que hay personas que siempre tendrán un nivel más que tú, o es que quieres enfrentar a un idiota o una mala persona. En maldad te gana, lo mejor con esto es que seas asertivo, es una cualidad que te va a servir en muchas facetas de la vida, no solo para que evites que alguien haga contigo que no quieres, o que te haga pasar un mal rato un día tras otro, sino también para mantener relaciones sanas, sinceras, ofensivas con las personas que te rodean.

La asertividad es una cualidad que te falta si eres muy agresivo, es decir de los que saltan cuando algo no les gusta, o es demasiado pasivo, dicho de otro modo si eres de los que prefiere callar para no molestar y no crear conflictos, evita los conflictos es un objetivo de asertividad, así que por eso no te preocupes, los evitarás pero haciendo saber a la otra persona lo que sientes, es importante que transmitas las emociones, los pensamientos, es importante para que luches contra los manipuladores.

No enfrentes a los manipuladores, para que no les des argumentos para que te manipulen. El mejor enfrentamiento es que dejes clara tu postura, que no le dé más vueltas, no entres en su juego, tampoco le digas que intenta manipularte o forzar o algo similar. De esta manera pasará a ser tu acosador o convertirse en la víctima y tendrá argumentos nuevos para ejercer la manipulación.

Seguro que tienes en la cabeza más de un ejemplo en el que sucede esto, pongamos por ejemplo el caso de una madre de esas que pelean bastante que no para de pedir lo mismo siempre. Algo que tú no quieres hacer, le dices que no, vuelve de nuevo una y otra vez, primero intenta dar pena, como no funciona intenta que te sientas culpable por sus males, de repente no quiete darte solo piensa sino que agrega culpabilidad, está así por culpa tuya, después se enoja, la pena, la culpa, no funciona, pues se pone en tu contra, te fastidia con todo lo que siempre pasa, te recuerda que deberías sentir un poco de compasión por ella y que está así por culpa tuya

Un día te cansas y le gritas que te deje en paz, que estás harto de la manipulación, entonces va a llorar y va a decir que le tratas mal, no solo no sientes lástima, por esa persona, ni empatía, sino que eres culpable de los problemas y la tienes esclavizada hablando a gritos.

Se ha usado lo que has hecho para volverlo en tu contra, lo mejor en estos casos es la asertividad, se trata de que le hagas saber lo que sientes a la otra persona, decirle que entiendes lo que pide pero que no puedes, puedes o creas que tengas que hacerlo, cuando sabe lo que sientes y le has dado explicaciones no hace falta que se las des más veces.

Ya sabes lo que dicen, contrario al amor o al odio, sino a la indiferencia, aplica esto mismo a las personas que te quieren manipular, deja claro y de forma asertiva, que entiendes la postura pero que no estás de acuerdo con ella, di que no tienes intención de cumplir con los deseos y pide que deje de repetirte lo mismo siempre.

Sé educado y tan suave como puedas, partiendo de ese momento, no te puedes intimidar ni siquiera pierdas tiempo explicando, el objetivo es que el manipulador no se pueda sentir superior a ti en ningún momento, pero tampoco que se sienta víctima.

El manipulador necesita las reacciones para que sigas teniendo argumentos para el plan, si no le dices nada, si no le das argumentos ni le das ideas no va a tener nada contra ti al final hasta el más manipulador siente que no puede hacer nada ante las situaciones, es lo único que puedes hacer si no quieres caer en el juego de manipulación. Puedes hacerlo, pero a largo plazo, lo que te interesa más es la indiferencia que venga de la mano de la asertividad.

La asertividad es algo que aplicas en el día a día en muchas cosas, con todo tipo de persona y que te asegura siempre actuar del mejor modo y saber quedar bien en todo tipo de situaciones.

Marca la distancia

Vaya, me enfadé mucho de nuevo, perdí los nervios, perdona por enfadarme tanto por esa tontería de la comida fría. Soy culpable. No estuve pendiente.

Seguramente te parece familiar esto, detrás de esos diálogos se esconde la manipulación como una telaraña que te envuelve para comerte. Tienes que saber marcar la distancia con los manipuladores, en este apartado conocerás cómo hacerlo.

Te deshaces de las causas del incidente

Con frecuencia el manipulador usa una situación concreta, es un as bajo la manga, lleno de regalos, donde insinúa constantemente el matrimonio, ayudar al otro a encontrar trabajo, imponer condiciones, lo que no combina con los planes que tienes. Priva al manipulador del motivo, del factor con el que trata de manipularse. Le tienes que devolver el regalo, resuelve los problemas en el trabajo por tu cuenta, disfruta, no le debes nada a nadie.

Desviar el foco de atención al manipulador

Lo que menos quiere el manipulador es que se centre la atención en él, es una venganza instantánea, además recurre a los mismos métodos. le tienes que hacer preguntas en señal de respuesta, con una simplicidad que perturbe al manipulador, le puedes preguntar cosas como:

- ¿Te interesa de verdad lo que opine? Creo que le estás dando todo por hecho.
- ¿Estás dispuesto a apoyar mi decisión, incluso si no es como lo que piensas?
- ¿Quieres que haga esto? No me beneficia para nada.

A un compañero le gusta delegar responsabilidades en otros, entabla conversaciones de índole emocional para que confíen en él, le preguntas si está dispuesto a cumplir con la parte de la tarea. Es un tipo de preguntas que permiten revelar lo absurdo de las exigencias del manipulador plantea cuestiones donde se ve la esencia de las cartas y seguramente dé marcha atrás.

Abstraerse con la ayuda de simples métodos infantiles

En psicología normalmente las técnicas más sencillas son los que arrojan resultados sorprendentes. Como cuando niños le hacíamos gestos con las manos en la espalda a esos niños groseros que nos molestaban. Pasa el tiempo, pero no las tradiciones, muestra este gesto con una mano, tapa la palma de la otra, mentalmente la diriges al mani- pulador, te vas a sorprender de que funciona de verdad, no te rías y lo intentas.

Tratar al otro por su nombre

Esto no es agradable, es algo beneficioso, la idea no es nueva, Dale Carnegie escribe en 1936 sobre la importancia de dirigirse a una persona por su nombre, lo hace en el libro de Cómo ganar amigos e influir en las personas. Es un tratamiento que establece la comprensión mutua, una nota importante es mejor dirigirse al interlocutor con la forma derivada del nombre que más le guste.

Le pides que se presente, el modo en el que se va a llamar a sí mismo. Las personas a las que tratamos por su nombre son más amigables. Usa estos métodos para que pierda las ganas de aprovecharse de ti.

Mirar fijamente a los ojos

Al igual que en los anteriores casos la meta es que desequilibres al manipulador, el primer paso es que rechaces la misiva que no te interesa, no en vano para le manipulador esto no es algo que le cause obstáculo. Mira a los ojos a esta persona y le niegas la solicitud.

El compañero va a sentirse acorralado, el contacto visual es algo que exigirá respuesta, una explicación, que está bien que le parecerá un reproche entre líneas, que puede funcionar.

No permitirse generalizar

La táctica estándar es que saques contexto de las situaciones y las presentes como un comportamiento del otro, generando sentimiento de culpa o vergüenza. Por ejemplo, la esposa se enoja porque el marido se olvida de sacar la basura, ella le reprocha que elude constantemente las labores domésticas, aunque claro es un caso aislado.

No permitas que el manipulador emplee generalizaciones. Pídele que ponga como ejemplo situaciones que permitieron que llegara a esta conclusión.

Repetir hasta que nuestra idea cale en el manipulador

Una canción que no paran de ponerla cansa, no solo a un aficionado a la música. Los manipuladores odian escuchar esa canción en bucle, esa frase que no les gusta.

Sientes que la persona no deja de presionar intentando que tomes una decisión que le conviene. Pensamos en una respuesta universal y la repetimos con una entonación firme que es de una persona que no tiene emociones. Muchas veces como sea necesario para que lo comprenda el manipulador.

Las respuestas universales de no voy a hacer esto, no me gusta la conversación, vamos a dejar el tema, lo importante no es cambiar el tono y no decir las emociones, eso no debe sonar especialmente indiferente o sarcástico, un ejemplo es:

- Pensé que me entendías.
- Estoy dispuesta a escucharte de nuevo.
- ¿Qué sentido tiene hablar contigo si no eres capaz de escuchar?
- Tengo la disposición de escucharte de nuevo.
- No entiendes cosas simples, a lo mejor no quieres entenderme.
- Estoy dispuesta a escucharte nuevamente.

Distraerse y relajarse

Otra técnica es la que ayuda a percibir las situaciones con ligerezas y humor, imagina que entre tú y el manipulador hay una gran pecera con paredes gruesas de cristal. No lo atraviesa ningún sonido, solo ves el movimiento de los labios de la persona y no imaginas nada de lo que dice.

Mantener la distancia

Algo que le gusta a los que manipulan es invadir el espacio de los otros, el contacto corporal es otro añadido, acercarse más, tocar el brazo, dar palmadas en la espalda. Todo para parar el proceso de manipulación, retrocede unos pasos, para que puedas marcar las distancias e interrumpir el contacto.

Para muchos no es fácil mantener la compostura o responder rechazando la comunicación interpersonal. En estos casos puedes pedirle a la persona hablar del tema por escrito, es una solución ideal, por ejemplo, en la empresa.

Aplicar autoanálisis

Los manipuladores quieren que sientas culpa por ellos, por eso, los padres que son medio enfermos se quejan de la salid, para que los hijos corran con la primera llamada, dejando a sus familias, trabajo y pendientes.

Tienes que formularte estas preguntas si pasas por un proceso donde sientes culpa, ves que te imponen ingratitud, inutilidad, egoísmo:

- ¿Eres de verdad egoísta? Después de todo lo que has hecho en el pasado. Puede que hayas ido a limpiar el departamento o hayas mandado dinero para X cosas.
- ¿Eres tan malo de verdad? Muchas cosas muestran que no.

Podemos caer en trampas de los manipuladores, pero tenemos que aprender a salir de ellas y no casarnos con el enemigo.

No es tu culpa

La mejor manera de limitar los golpes que dan los manipuladores por medio de la culpa es que le pongas límites y la mejor manera de hacerlo es así:

- Dile a la persona que entiendes lo importante que es para ellos que hagas lo que están intentando obligarte a hacer.
- Explica que el uso de la manipulación por medio de la culpa para hacerte satisfacer deseos, te hace sentir con resentimiento, incluso si haces eso que te pidieron.

- Dile que te preocupa que acumulen estos resentimientos que pueden distanciarte más y que no es algo que tú quieres.
- Pide que en vez de eso expreses deseos directamente, que se apropie de la petición en vez de intentar activar la conciencia y respetar las decisiones cuando las tomes.
- Dile la forma en la que harás lo que piden si lo hacen directamente. Admite que puede que no siempre haga lo que desea, pero indica una recompensa de cuando decides responder positivamente, es que lo harás de manera autentica y de todo corazón sentirás que está bien que lo haga.
- Tienes que estar listo para las discusiones donde debas recordarle esto y mostrar que, en otros intentos por medio de la culpa, cuando se den, tomará tiempo para que cambie los hábitos de comunicación que tiene inoculados.
- Debes ser amable en este proceso, hacerlo va a motivar a la otra persona a que se esfuerce por cambiar más que si te les acercas con enojo y resentimiento. Aunque los sentimientos sean totalmente legítimos.

En investigaciones les preguntan a los manipuladores por culpa, las consecuencias de manipular así, y solo el dos por ciento mencionó el resentimiento como resultado probable. Es decir, las personas que manipulan por culpa, normalmente se enfocan en buscar un resultado, se cierran a los daños que pueden causar los métodos. aunque los efectos venenosos de las manipulaciones con culpa suelen ser leves, a largo plazo la toxicidad construye y causa presiones y distanciamiento emocional. Irónicamente el tema más común es causado por negligencia emocional. Esto quiere decir por culpa del impacto a largo plazo de las manipulaciones que llevan a un resultado opuesto a lo que buscan los manipuladores.

Esto permite que cuando manipulen por culpa, se logre lo que quieren, a pesar del resentimiento que generan, es la naturaleza de las relaciones que normalmente se dan entre las partes. Las manipulaciones por medio de la culpa suceden con más frecuencia en relaciones familiares cercanas o amistades cercanas, porque el blanco no tuviera fuertes sentimientos de afecto y preocupación el resentimiento y enojo al recibir manipulación seguramente superaría los sentimientos de culpa, llevándolo a resistir la manipulación.

La manipulación por culpa consiste en ciertas formas de comunicación verbal y no verbal donde el inductor de culpa intenta inducir sentimientos en un objetivo, en un esfuerzo por controlar el comportamiento, como tal, las manipulaciones por culpa son un modo claro de manipulación y coerción.

Pocas veces pensamos en las manipulaciones por medio de la culpa, en términos tan severos, en su lugar las vemos como cosas que algunas madres dicen a los hijos para que terminen la sopa, como que trabajé por horas en la cocina para que vengas tú a dejarme la comida servida o a no comerte todo.

Ten firmeza

En varias ocasiones se ha hablado de que tienes que tener firmeza. Recuerda que una de las armas preferidas del que manipula es que usa las emociones ajenas. Por eso tienes que tener un diálogo confiado, sereno, firme.

Tienes que tener en cuenta que la persona que manipula no le interesa iniciar un debate claro, sino solo lograr lo que quiere, por eso si le das material que contradiga tus ideas, seguramente va a retomar las opiniones y las replanteará para sacarles beneficio, no tienes que olvidar que hasta la mejor idea se puede ver desde distintas perspectivas y el manipulador es hábil con eso para encontrar las cuatro patas del gato.

Reconoce que las ideas son válidas, no critiques, incluso te sumas a ellas con la frase que dice que comprende los puntos de vista y los respeta, pero que la perspectiva es adecuada, sin embargo, hay una posibilidad de que de alguna manera sienta una pauta en la conversación que es importante. El respeto a las opiniones del otro, así que al brindar valor a las ideas le confieres valor a las tuyas.

Los expertos en PNL recomiendan que se cambie el "pero" por frases como, no obstante, aun así... porque resultan menos antagónicas y son bien recibidas.

EL NARCISISMO

*U*n trastorno de personalidad narcisista causa problemas en muchos aspectos de la vida, como relaciones, trabajo, escuela o asuntos de economía. Normalmente las personas con personalidad narcisista se sienten infelices y decepcionadas cuando no reciben favores especiales ni admiración como la creen merecer. Puede que no se sientan a gusto con las relaciones y que los otros no disfruten de su compañía.

Vamos a conocer esta otra rama de los manipuladores.

¿Qué es el narcicismo?

El narcisismo es la complacencia excesiva en la consideración de las facultades. Es un término que recurre al mitológico Narciso, quien está enamorado de sí mismo. Se ahoga al intentar besar su imagen reflejada en el agua.

Es cierto que con esta palabra se puede hacer referencia a rasgos de personalidad normal. El narcisismo se manifiesta de manera patológica como el caso de trastorno de personalidad narcisistas que se da por patrones de larga duración con una constante necesidad de admiración y por hay una falta de empatía para los otros.

La circunstancia de muchas personas con este tipo de trastorno no buscan que los traten, es más, las personas de este tipo no buscan ayuda hasta que la enfermedad comienza a afectar significativamente la vida personal.

Se diferencia del ego, pues mientras los egocéntricos no pueden ver el punto de vista de otra persona, los narcisistas saben asumir otro punto de vista, eso sí, no les importa para nada. Hay formas de narcisismos que tienen origen en la personalidad de los individuos, es un trastorno externo por la educación y el refuerzo reiterado de ese comportamiento.

Freud, padre el psicoanálisis, introduce en su ensayo de 1914 Introducción al narcisismo, el concepto del narcisismos. Desde el psicoanálisis se entiende que es un modo de estructuración de la personalidad, una etapa de desarrollo del ser humano, proceso por el que la libido se dirige a uno mismo.

Cuando no se emplean en el ámbito psicológico, los términos narcisismo y narcisista son usados como egocentrismo, vanidad, presunción. Se aplica para denotar elitismo, indiferencia a la situación de los otros.

Esto caracteriza a los narcisistas:

- Sentimiento de grandiosidad, exagera logros y talentos, se considera genial, único, especial.
- Necesita que lo admiren siempre
- Falta de empatía para con los otros.
- Se rodean de personas que consideran inferiores a ellos.
- Se aprovechan de los demás para lograr sus fines.
- Sienten envidia de otros y cree que le tienen envidia.
- Les falta autoestima y por eso se sobrevaloran tanto.
- Tienen baja tolerancia a la frustración, creen que merecen un trato especial.

El narcisismo suele verde más en los hombres, suele reducirse con los años. la verdad es rara que se diagnostique en la niñez o adolescencia, pues en esta etapa la personalidad de ellos está cambiando.

¿Cómo manejar a un narcisista?

Seguramente un narcisista tenga un gran complejo de inferioridad. Sin embargo, soportar a personas narcisistas no solo agota, sino que se corre el riesgo de ser explotado por estas personas.

Los narcisistas se convierten en una pesadilla, para quienes la sufren de manera directa. Es complicado lidiar con esa paradoja que está implícita en este tipo de personas. Inflan el ego hasta el grado superlativo, a la vez son frágiles, vulnerables como un niño. Tienen una supra valoración donde esconden inseguridades y sentimientos de inferioridad.

La persona que sostiene una actitud narcisista depende de lo que piensen los demás, solo se sienten bien si reciben admiración de otros, pero cuando aparece alguna crítica, se derrumban, las recciones van desde explosión de ira a ser agresivos, también sufren implosión de ira y se ven taciturnos y silenciosos.

Son actitudes que van de la mano de un egoísmo inmenso, para el narcisista todo comienza y termina en él. Le cuesta mucho desarrolla una empatía autentica, esto no quiere decir que sea indolente, solo ve lo suyo como lo más importante y no ubica en la línea para equiparse con otros. Se ve y se siente como alguien distinto, el tema de cómo lidiar con una persona así. Veamos algunas sugerencias.

La persona que tiene una actitud narcisista es hipersensible, no lo olvides, si una persona es así es porque intenta dar valor a algo que teme en el fondo no tener. Es un mecanismo para compensar. Como el pavo real que extiende las plumas para verse amenazante cuando la verdad está asustado.

Las fanfarronadas son solo un cortocircuito de sí mismo que no es capaz de reparar.

De allí que sean sensibles a que les critiquen a la indiferencia, se tiene que tener tacto con una persona así, porque se le puede herir fácilmente y esto solo hará que profundicen en las dificultares. Esta persona quiere que l elogien, pero solo debes dárselo si lo merecen.

Las críticas se tienen que expresar delicadamente, pero también con sinceridad, es clave que se le haga sentir que no se le cuestiona, sino a las acciones. Aunque no lo demuestra, una persona narcisista sufre mucho. Seguramente tiene traumas de hace mucho tiempo. Trata de sobrevivir a experiencias que no ha superado.

El narcisista también suele manipular, de uno u otro modo intenta que pienses como quiere él y que le digas lo que quieres escuchar. De esa manera conviertes el refuerzo para la idea en la que quieres creer. Puede que seas hábil en esto, intentará que veas la grandiosidad que ve en sí mismo, a lo mejor llega y te convence si es una persona carismática y convincente

Tristemente es tipo de personas menosprecian cualidades de quienes le rodean. Sirve para mantener la fantasía de que son superiores, no es raro que busquen el modo de descalificarte o reducir los logros. Si es alguien que quieres, le haces ver cómo te hace sentir así.

El narcisista necesita creer más en sí mismo, sentir amor propio, si lo logra entonces debe inflar el ego para sentir que existe, pero si quieres están alrededor caen en su juego, y se dejan manipular, la actitud se refuerza.

Lo que una persona narcisista necesita es entrenar con humildad, a veces ayudan con actividades pequeñas, como tolerar la fila o dejar pasar a otro, es importante que se le ayude a que entienda la importancia de delegar, de conocer los actos positivos en otros.

Esta clase de personas que se les ayuda a entender al alcance real de los logros y virtudes. Valiéndose de paciencia, de respeto, se puede contribuir a que esa persona se quiera más. A que entienda que tiene logros reales, pero no lo hace superior a los otros, tiene errores, fracasos, pero esto no hace inferior a nadie.

Lo importante es que no se caiga en la trampa de intentar bajarle los humor, esto solo conduce a crear enemigos que implican avances, si algo le falta al narcisista es afecto real y aceptación, recuerda que el amor todo lo puede y más en casos donde la ausencia enferma.

Síndrome de abuso de narcisistas

Se ha visto cada vez más libros, contenido, blogs, videos, y sitios donde hablan del síndrome de abuso narcisista (SAN). Como muchos de las situaciones psicológicas que suceden o que se reconocen, se tienen que desarrollar datos descriptivos y el diagnostico para que se puedan aceptar en círculos de salud mental y clínica, entre más se indague en el tema, mayor será la probabilidad de que desarrollen tratamientos efectivos y servicios de apoyo.

El síndrome de abuso narcisista y el de imán humano no se relacionan entre sí. Es un patrón de abuso perpetrado por un narcisista sobre otra persona. Explica por qué las personalidades opuestas se atraen y las relaciones persisten a pesar de que alguna sea infeliz.

Más allá de las diferencias, se cree que por lo menos 75% de los code-pendientes experimentan alguna forma de SAN en las relaciones.

El SAN es un patrón crónico de abuso emocional, físico, o sexual que se da por un narcisista patológico, esto por las víctimas de SAN que generalmente carecen de confianza y red de apoyo social, son propensas a sentirse atrapadas por el perpetrador.

El estar atrapado puede sr una apreciación correcta o resultado de narrativas implantadas, se conocen como gaslighting. Las víctimas del SAN vienen de todos los ámbitos de la vida, aquellos que se sienten atrapados creen que pueden controlar o mitigar el abuso, creen que lo merecen, son codependientes o tienen el déficit de amor por sí mismos.

El SAN es una condición crónica, las dinámicas psicológicas y relacio-nales son responsables de la formación y mantenimiento de la relación entre el perpetrados y la víctima. La incapacidad para terminarla. Las víctimas del SAN, los codependientes, no pueden o creen ser capaces de poner fin al abuso y la relación debido a lo siguiente:

- Incertidumbre sobre la verdadera naturaleza peligrosa del abusador.
- Miedo a consecuencias reales.
- Miedo a amenazas de consecuencias.
- Miedo al rechazo social y familiar y a aislarse.
- Físicamente atrapados.
- Financieramente presos.
- Varias formas de coerción, manipulación, pasiva, activa, encubierta.
- Síntomas de abstinencia de la adicción a la codependencia de la soledad patológica.

Los narcisistas patológicos, perpetradores del SAN tienen un trastorno narcisista, límite o antisocial de la personalidad, tienen un trastorno de adicción, entre menos empatía tiene el perpetrador, más efectivos son para dominar y tener control sobre el otro

Mantienen el poder, el control sobre los otros, derrotan y agotan la resolución para defenderse o buscar protección, las diversas formas de manipulación y agresión directa, pasiva, encubierta, aseguran que la persona permanezca en relación, mientras el codependiente no se defienda o exponga.

La mejor forma de SAN proviene de una campaña sostenida de lavado de cerebro, perpetrada por un narcisista patológico, es un sociópata, o con rasgos sociópatas.

Consejos para defenderse del abuso narcisista

- Aprende la técnica de no observar, no absorber. Una disociación consciente que evita entrar en discusiones que están perdidas.

- Obtén opiniones externas, mantener secretos o privacidad es un beneficio de abusador.
- Prepárate para un contraataque, los abusadores usan la intimidación y las amenazas de peores abusos cuando una persona se resiste o muestra signos de abusos o de una salud mental.

Narcicismo y sociopatía

Hay muchas similitudes entre un sociópata narcisista. Uno de los signos de un sociópata es el narcisismo. Las personas con trastorno narcisista pueden no ser sociópatas, aunque tienen rasgos y características parecidas.

Muchas veces tanto el narcisismo como la sociopatía tienen relación y es ahí donde entra el juego de los sociópatas narcisistas. La sociopatía es aterradora, la sociópata narcisista llevan un nivel completamente nuevo y superior.

Según Healthy Place, The American Psychiatric Association (2013) describe y define tanto el trastorno de personalidad antisocial (el término clínico para lo que comúnmente se denomina psicopatía o sociopatía) como el trastorno de personalidad narcisista en el autoritario manual diagnóstico y estadístico de trastornos mentales. Veamos las definiciones de estos trastornos por separado.

Este es un patrón excesivo de grandiosidad, las personas tienen una excesiva necesidad de que los admiren, les falta empatía y simpatía por los otros. los trastornos de personalidad narcisista comienzan en la adultez temprana, con una serie de eventos pueden desencadenarla.

Este es un trastorno que implica empatía, simpatía para los otros, también hacen caso omiso a los otros y los sentimientos de los demás. el trastorno se puede dar a los quince años las personas con trastorno de personalidad antisocial manipulan a otros para su beneficio y no sienten culpa o remordimiento de lo que hacen.

Luego de analizar esto, tanto a un sociópata narcisista como a un sociópata normal, es posible que una persona sea diagnosticada con ambos trastornos.

Una combinación de falta de empatía por los otros y una admiración inmensa por uno mismo permite obtener el diagnóstico de un sociópata narcisista. Puede usar a las personas, explotarlas y luego se deshace de ellas cuando haya terminado, sin sentir cupa en absoluto.

Síntomas del sociópata narcisista

Si sospechas que una persona puede ser un sociópata narcisista o si sospechas que puedes ser sociópata narcisista, aquí tienes los síntomas de un sociópata.

Se ven normales

Los sociópatas narcisistas pueden parecer totalmente normales, pueden vivir vidas normales como todos los demás, pueden estar en su lugar de trabajo, en el vecindario o en cualquier sitio. Tanto los sociópatas como los sociópatas narcisistas pueden esconder identidades y pretender ser perfectamente normales. Pueden pretender ser emocionales y parecer que se preocupan por los otros. esto hace que sea más difícil detectar a un sociópata narcisista.

Grandiosidad

Los sociópatas narcisistas tienen una gran grandiosidad. Algunas son incluso falsas y poco realistas. Creen tener superpoderes y se creen superiores a los otros, incluso pueden contar historias falsas sobre la vida de otros, algunos sociópatas pueden percibir que son como los de un Dios.

Manipulativo

Los sociópatas y los sociópatas narcisistas tienen un rasgo común, pueden manipular a otros para su beneficio. Son buenos para encontrar personas que confían mucho y que son vulnerables. Cuando encuentran a esas personas se hacen víctimas con el encanto e incluso simulan problemas y emociones para que simpaticen con ellos. Muchos caen en las trampas y terminan siendo lastimados por ellas.

Falta de simpatía y empatía

Tanto sociópatas como sociópatas carecen de empatía por los otros, incluso los que están cerca de ellos, no pueden evitar sentirse así, solo se preocupan por sí mismos, no hacen nada a menos que se beneficien de algún modo.

Requerir admiración en exceso

Los sociópatas requieren mucha admiración de los otros, incluso más que os sociópatas, tienden a sentir que los demás le envidian, en algunos casos sienten envidia, incluso cuando es falso. Pueden ser muy arrogantes, altaneros, simplemente porque sienten que son mejores que los otros. aman ser el centro de atención y requieren de mucha atención de los demás.

Son carismáticos y encantadores

Igual que con los sociópatas, ellos son muy encantadores, carismáticos, es la manera de atraer gente para lograr beneficios, cuando te enamorar y o logran, comienzan a mostrarse como son, entonces ya es demasiado tarde para los demás.

El sociópata vs el sociópata narcisista

Como muchos se preguntarán cuál es la diferencia entre un sociópata narcisista y un sociópata, porque tienen rasgos y características que se parecen. Esto es verdad, sin embargo, hay pocas diferencias entre los dos. Este es el veredicto de un sociópata contra un sociópata narcisista.

Delitos y peligro

El sociópata narcisista no daña a los otros, ni comete delitos graves. La cantidad de sociópatas en las prisiones es mejor que los sociópatas narcisistas, principalmente porque los sociópatas ignoran la ley y no se preocupan por ella, el comportamiento impulsivo también los hace peligrosos. Los narcisistas se hacen agresivos cuando sienten lesiones psicológicas.

Conversaciones

El sociópata narcisista habla solo de sí mismo, no se preocupan por ti, por otra parte, un sociópata no habla mucho sobre sí mismo, quieren hablar de ti y quieren conocerte mejor.

Son conscientes de sus comportamientos

Seguramente el sociópata narcisista no es consciente de las acciones y comportamientos, mientras que el sociópata es totalmente consciente del comportamiento y las acciones, seguramente fue planeado por ellos para manipular la situación por sus razones.

Ganando y perdiendo

A un sociópata narcisista no le importa ganar o perder. Se preocupan más por otros que le admiren. Para ellos todo es juego solo les importa ganar contra otros.

Aburrimiento

El sociópata se aburre fácilmente, siempre busca nuevas emociones, mientras que un sociópata narcisista no requiere de actividades estimulantes todo el tiempo.

Conciencia del efecto en otros

Los sociópatas narcisistas no siempre son conscientes del efecto que tienen los otros o lo molesto que se sienten los otros por ellos, pero no los subestimes, si descubren que eres una amenaza para ellos, van a actuar. El sociópata es totalmente consciente del efecto que tienen los otros.

Causas de la sociopatía narcisista

Las causas no están claras, sin embargo, la genética puede ser una causa de sociopatía narcisista, factores como el maltrato, la negligencia infantil, también pueden causar sociopatía narcisista, incluso mimarse como un niño puede ser una causa posible.

Como niños se puede aprender de varias maneras manipuladoras de los padres y miembros de familia. El daño cerebral o desarrollo cerebral más lento pueden ser causa de sociopatías.

Cómo lidiar con un sociópata narcisista

Tratar con los sociópatas narcisistas puede ser complejo para cualquier persona. Especialmente cuando es una persona que está cerca de ti. Veamos cómo lidiar con ellos.

Psicoterapia

Es necesaria para los sociópatas narcisistas, a un profesional de la salud mental le gusta usar la terapia cognitiva conductual. Es una terapia que permite al paciente reconocer el comportamiento. Les ayuda a aceptar las críticas y los ayuda a ponerse metas realistas. El psicoterapeuta ayuda a manejarlos y cómo reaccionar ante situaciones, enseña cómo lidiar con un ser querido de manera saludable.

Cuando encuentras un profesional de salud mental ayuda a un ser querido. El vital proporcionar un desglose completo de la historia dl paciente, cualquier evento traumático e historia familiar es posible.

El profesional puede hacer evaluaciones y determinar la causa de la enfermedad, debe tomar nota del comportamiento y síntomas y mostrarlo al profesional. Es importante preguntarle al profesional de salud mental, se puede mantener el número de teléfono en caso de emergencia que pueda exigir ayuda profesional.

Manténgalos alejados del alcohol y las sustancias

Si el ser querido tiene un problema con alcohol, o las drogas, se necesita que lo ingresen en un centro de rehabilitación. Las sustancias y el alcohol pueden agravar la condición.

Medicinas

Hay medicinas como tales que pueden ayudar a tratar la sociopatía narcisista. Algunos medicamentos como antidepresivos los antipsicóticos y estabilizadores del estado de ánimo pueden llevar a tratar los síntomas.

Brinda apoyo y anímalos a llevar un estilo de vida saludable

Estos son los factores importantes a la hora de ayudar a alguien que sufre de un problema mental. Anímalos a tener una dieta saludable, anímalos a hacer ejercicio y haz actividades terapéuticas que ayuden.

TÉCNICAS USADAS POR LAS MUJERES PARA MANIPULAR A LOS HOMBRES

*E*l amor, la vida en pareja son una fuente de bienestar, placer y apoyo o son un abismo sin salida donde nos ahoguemos, nos sintamos en la oscuridad lo peor es que en muchas situaciones se puede combinar en un solo día ambas sensaciones y problemas que comienzan cuando las fases de estabilidad cada vez tienen menos duración y están en un constante huracán ante lo que muchas veces no sabemos cómo dejar.

Muchas personas acuden a consulta porque está metidas en relaciones malas, tóxicas, donde sufren maltrato psicológico de diversos tipos, daños seguidos al honor y faltas de respeto que al verlas o escucharlas desde fuera, nos parecen disparatadas, pero que en la persona se sufren y producen nada en la vida de las personas.

El amor no es excusa donde se esconda el dolor emocional que otra persona nos cause, es una responsabilidad para con nosotros como la de aprender a defender los trechos y hacerlos respetar. Más allá de la propia inseguridad, los patrones parentales que hayas introyectado en la infancia y los mecanismos de autoengaño que se es capaz de activar para no ver la realidad. En el fondo del ser se sabe diferencia lo que está bien y lo que daña. Pero en ocasiones se necesita que una persona nos diga de forma neutra y aséptica que tenemos derecho a no soportar lo que sabemos que no merecemos. Resultar esclarecedor a toda persona que se halle en relaciones insanas. Veamos entonces las técnicas que usan las mujeres para manipular en las relaciones

Chantaje emocional

Es un mecanismo famoso por usarse solo en parejas, es usado por todo el mundo también y seguramente lo conoces bien. se trata de usar frases para manejar la culpa y el arrepentimiento como táctica para conseguir algo o como impedimento para que otro no haga algo o no le abandone. La persona manipuladora suele usar frases como si haces eso será que no me quieres, yo no quiero que sufras, yo nunca te haría eso... yo quiero ser la mejor para ti, aunque si me dejas me arruinas la vida.

Mantener el control social

Las técnicas de manipulación sirven para mantener el control social, es una técnica que suele comenzar de un modo sutil y sibilino, la pareja crítica a los amigos a la familia, compañeros y cualquiera que esté en el círculo social hasta que consiga anular totalmente la red social del otro de tal forma que la única fuente de esfuerzo y apoyo social. Esto se manifiesta por medio de celos, de palabras como Si me quieres me preferirás a mí antes que a los amigos.

Manipulación mental

Son de las más creativas y hay muchos tipos de ella, persiguen en muchas ocasiones que la otra contraiga algún tipo de deuda con la pareja o en hacer cosas que tengan mucha intensidad para que el otro se sienta en compromiso con esa persona, como ayudar a una persona en momentos difíciles y pronunciar frases para que recuerde esa acción como:

Solo alguien que te quiera mucho haría esto por ti.

Nadie te querrá como yo te quiero

También es una manera de manipular mentalmente, vacunar a la otra persona ante los posibles comentarios del entorno diciendo cosas como:

Tu familia me odia, pero ellos no saben qué es el amor.

Te hablarán mal de mí, te dirán que la relación no te conviene, pero yo te quiero como nadie.

Las frases retumban en la cabeza de la persona manipulada y la confunden con su conducta.

Técnicas para minar la autoestima

Es una técnica que aparece una vez que se daña la red social con la otra persona y ahora la pareja es el principal y único apoyo de la persona. Se basa en insultar, criticar, ridiculizar, tejer una red de mentira ante otros sobre la persona o bien no se dan recompensas a las cosas e iniciativas que el otro les resta importancia, reduce los méritos o acciones agradables y enfoca conversaciones en todo lo que la persona hace mal o falta. La más común son frases como

Pobre tonto…

Qué sería de mí sin ti.

Sin mí eres nada.

Otra forma frecuente de reducir la autoestima es haciendo sentir culpable a la otra persona usando críticas, vergüenza, con frases como

No me esperaba eso de ti

También puede darse que el otro adopte un papel activo en vida y tome decisiones por nosotros o encargando muchas actividades que requieren esfuerzo. Esto causa que los mecanismos que afrontemos ante la vida sean cada vez menores. Nos acostumbramos a la como-didad de que sea el otro el que lo haga y nos solucione los problemas. Esta puede ser una técnica para que la persona sienta que depende del otro en algún aspecto importante o no tan importante como hacer compras, comida, llevar cuentas, etc.

Pautas de refuerzo intermitente

Esta es una técnica de manipulación que tiene como destino conseguir que la pareja sobrevalore los momentos agradables con la otra persona, para ello lo que hace, sea de manera consciente o inconsciente, es tener discusiones y peleas por cosas pequeñas para que luego haya reconciliación y se cree más intensidad en la relación con los momentos. La técnica es adictiva, porque tiene grandes estímulos, la reconciliación se da después de los estímulos desagradables, como peleas, esto crea adicción en el cerebro, es tan la adicción como si fuera una de esas máquinas tragaperras porque la pareja es totalmente impredecible y la persona termina viviendo en un mundo de peleas esperando una reconciliación fulgorosa, la persona piensa:

Sufro, pero sé que todo se va a arreglar.

En psicología del aprendizaje se llama:

Pautas intermitentes de refuerzo.

Es un mecanismo sencillo, pelea, sufrimiento, desgarro, reconciliación, amor, sexo apasionado, vuelta a comenzar con una pelea nueva, siendo periodos de paz y las lunas de miel cada vez menos frecuentes y de menos duración en el tiempo. Es un mecanismo potente que si la persona deja la relación lo añorará y le creará problemas de autoestima y es difícil que la persona abandonada olvide al otro. La adicción queda instaurada cuando el sujeto sigue jugando a pesar de perder, porque tienen el recuerdo en la cabeza de que una vez ganó, así sigue insistiendo, aunque los premios sean menores, comparados con el esfuerzo de jugar y el tiempo de recursos.

Roles

La técnica se basa en jugar a personajes dentro de la pareja, lo más frecuente en la pareja es ser sol de salvador, víctima o persecutor la persona con rol de víctima manipula con expresiones de celos, llantos y estimulación de emociones de pena en la otra persona, el rol de salvador es la persona que busca en la pareja alguien a quien proteger buscando reconocimiento por ello. El persecutor es vigilante, señala y critica los errores del otro.

Venganza y creación del miedo

La idea es hacer cosas que la persona sabe que le hace daño al otro, para seguir con la intensidad emocional, es un mecanismo que se encamina a mantener una relación porque genera sentimientos fuertes con represalias o consecuencias negativas de decidir dejar a la pareja.

Como puedes ir viendo son varias las técnicas que se usan en las relaciones insanas de pareja para mantener el control con el otro, a pesar de que vives una batalla constante y sufrir, puede durar años hasta que se perciben como dañinas, a pesar de que se sufre con mucha intensidad por las dos partes que son la pareja.

Si te has identificado, seguramente sufres maltrato psicológico o ese mismo patrón lo empezaste a usar ante tu pareja, las personas somos espejos, reflejamos todo lo que nos rodea. Es común que esta dinámica de pareja insana sean ambas partes que ejercen algún tipo de manipulación.

Aquí no se trata de que se busquen culpables o se endemonie al otro. La relación es de todos los que participan, construyen en el resultado y terminan siendo las consecuencias de una y otra forma. En una relación insana nadie gana ni es mejor que el otro, las personas simplemente se dedican a hacer lo único que saben hacer y a proyectar los problemas en la otra persona. Por eso la pareja es uno de los más importantes medios de lo que se tienen para el desarrollo personal y al final cada uno suele tener una lección para aprender sobre nosotros mismos, si somos capaces de descubrirlo antes de que se rompa totalmente el vínculo si ambos están abiertos al cambio, cabe la posibilidad de hacer terapia de pareja, aunque en muchos casos los quiebres emocionales que suelen ser dolorosos y los destrozos en las distintas áreas de vida de la persona implicadas en la relación que suelen sr importantes que el olvido y la reconciliación se ve tan difícil como la necesidad de invertir en un cambio personal para seguir con la persona.

Las mujeres tienen naturaleza complicada, eso lo sabemos todos los hombres, pero algunas son complicadas, manipulan. Las mujeres manipuladoras tienen dos estrategias para conseguir las cosas, una es directa y otra pasivo agresiva

La primera es un choque o enfrentamiento directo entre la voluntad y la suya genera cantidad de discusiones sin un sentido concreto que casi siempre y por cansancio termina ganando ella.

La otra estrategia de las mujeres que manipulan es más sutil y por eso es difícil detectar porque usan la agresividad y el engaño cubierto, un comentario pasivo agresivo es aquel que en tono amistoso y tranquilo dice algo hiriente y ofensivo

De las dos estrategias la mayoría de mujeres manipuladoras prefiere la segunda porque te coloca en una posición donde pareces siempre estar fuera de lugar y el primer impulso es la rabia

La manipulación en general es algo habitual entre las personas. Todo el mundo quiere conseguir lo que quiere de los otros y para ello se vale de un tipo de manipulación, por ejemplo, cuando le haces un favor a tu madre porque sabes que te compensará de algún modo.

El problema se da cuando alguien te manipula para obtener un beneficio no recíproco o cuando a manipulación tiene resultado un perjuicio directo a los intereses o tu persona.

Veamos las señales.

No aportan pruebas concretas

Cuando una mujer manipuladora nos ataca de manera pasivo agresiva, no aporta pruebas concretas para sostener el argumento, siempre se basa en conjeturas abstractas como cuando te dicen

Tú eres más tonto que los demás amigos.

Pide razones concretas para que afirme algo así.

El enfoque en el ataque es defensivo

No hay nada que justifique un ataque que una buena defensa. Por lo menos en apariencia. Las mujeres manipuladoras adoptan siempre una actitud de estar dolidas, defendiéndose de las actitudes y las decisiones. Esto permite tomar posiciones morales elevadas en la conversación y se muestra como víctima de las situaciones, acabas cediendo porque no quieres que te lastimen.

Aprovechan tus debilidades

Una mujer manipuladora te conoce bien, seguramente mejor que tú, y cuando quiere conseguir algo rápidamente sabe echar mano de la información que ha acumulado sobre ti, conoce las debilidades, los miedos, traumas y no duda en usarlos siempre que sea necesario para salirse con la suya. Recuerdas la última vez que quisiste probar algo diferente y ella te preguntó:

¿A ti no te daban miedo las alturas desde que te caíste de la cama cuando eras un niño?

Les dan vuelta a las situaciones

Las mujeres manipuladoras son muy eficaces a la hora de darle la vuelta a las situaciones, a nadie le gusta verse a sí mismo como una persona negativa, temerosa, agresiva, esto es lo que hacen contigo cuando quieren dar la vuelta a la situación. Si eliges un plan para pasar un buen rato, a ella no le gusta, entonces te dirá algo como:

Eres un egoísta, siempre tienes que hacer lo que te gusta a ti.

Si no oyes esto cada tanto es porque te ha doblegado y solo hacen los planes que le gustan a ella.

Quieren aislarte de los demás

Para que una mujer manipule puede actuar a sus anchas, necesita que no tengas a nadie alrededor que pueda hacer las cosas de otro modo, a como ella quiere que lo veas. Así que va a tratar a las personas que pueden estropear el campo de acción, es decir, la vida, quien no ha oído a la pareja decir:

Estás de nuevo con tu madre. Pareciera que nuca terminarás de crecer, aprende a tomar decisiones tú solo.

Tienes que tomar tus decisiones, pero no hay nada de malo en que pidas la opinión de otros que son de tu confianza. Si la gente se aleja de ti, seguramente sea a causa de tu pareja.

Nunca te dan la razón

Las mujeres que manipulan saben que lo resultados se miden por la suma de los éxitos, esto quiere decir que deben ganar todas las batallas y eso quiere decir que nunca o casi nunca van a reconocer que no tienen razón. Pase lo que pase ellas siempre encuentran un modo de darle la vuelta a las cosas que sucedan. Nadie puede ser responsable de todo lo que pasa en parejas. Si te sientes con culpa porque siempre eres tú el que lo fastidia todo es posible y que te manipulen.

Mienten… y mienten

Todos mentimos, pero las mujeres manipuladoras más. La mentira no solo es parte de la cultura, sino que es un modo de relacionarse desde que vivimos como sociedad. Las mujeres manipuladores llevan esto al extremo mintiendo en cada cosa que dice o hace. Las mentiras más pronto que tarde se descubren, si descubres mentiras de la pareja a menudo recoge las cosas y aléjate de allí lo más pronto que puedas. Los mentirosos casi nunca se curan.

Esconden eso que te interesa

No entraremos en el debate de si ocultar es igual que mentir, no es relevante aquí. Lo que debes tener presente es que las mujeres manipuladoras esconden todo lo que no les interesa que descubras, cartas, fotos, mensajes, oportunidades, razones, avisos, cualquier tipo de información que consideren que no debe saber que la esconderán. Hay quienes prefieren comerse un papel antes que dejar que lo leas.

Ponen la zanahoria delante de tu nariz

Prometer recompensas es la mejor forma de encontrar a alguien que quiera hacer algo, sea que le guste hacerlo o no. Una manipuladora siempre promete cosas que no terminan cumpliendo o que pocas veces hará. Si la pareja promete, promete, promete y no cumple, entonces andas con una mujer manipuladora.

Manipulan a las personas del entorno

Seguramente sea una señal clara de que una mujer manipula. Los manipuladores hacen o intentan hacer la misma cosa con todas las personas cercanas al entorno, para ello necesitan valerse de los demás. sea que accedan de forma consciente o que necesiten ser cómplices, si usa o te condiciona a ti para salirte con la suya y con los demás, puedes estar seguro de que hace lo mismo contigo.

Halagan lo que haces

Aunque no te gusta que así sea, nadie puede acertar todo el tiempo ni tener razón todo el tiempo. Cuando estás con una persona que siempre alabe todo lo que haces y te da la razón en lo que opinas y dices, entonces seguramente se trate de una manipuladora. Todos queremos tener la razón siempre y las mujeres lo saben y usan a su favor.

Cambian de estado de ánimo súbitamente

Manipular a otros somete a la mente a mucho estrés, las mujeres que manipulan suelen cambiar de ánimo constantemente, esto es algo característico en mujeres que pueden estar faltas de sexo. Pero en el caso de la manipulación se hace más evidente el comportamiento. Una mujer manipuladora de pronto se siente víctima, de pronto se siente humillada, dependiente. Las mujeres manipuladoras usan cambios de humor para confundirse y sacar provecho.

Seguramente lo que tienes que hacer es analizar si vale la pena dedicar tiempo a seguir en esa relación, frecuentemente s la pareja no está dispuesta a cambiar o ver su comportamiento, lo mejor es que se prepare para una vida llena de angustia y dolor.

Si eliges buscar trabajar en la relación, hay algunas cosas que puedes hacer para controlar esas manipulaciones:

- Ten en cuenta lo que pasa, toma una mirada racional de esto.
- Pon limites apenas puedas y con frecuencia posible, hazle saber cómo te tienen que tratar.
- Hazlos responsables de los actos, haz que te observen y reflexionen sobre las acciones y comportamientos.
- No aceptes excusas para un comportamiento inaceptable.
- Defiéndete y acepta las consecuencias de tu comportamiento.
- Consigue apoyo de otros a tu alrededor para que ayudes a manejar la situación, pueden ser amigos o familia.
- Actúa lo más rápido que puedas para que dejes claro que te enfocar en el cambio y trabajas en la relación.
- Si nada funciona, entonces tienes que salir de allí pronto.

Nadie se merece una relación de estrés en la vida, si bien en última instancia tienes que lidiar con esto, recuerda que tienes opciones no tienes que quedarte en estas situaciones. Defiéndete si crees que mereces algo mejor.

¿Cómo identificar una pareja manipuladora?

Antes que nada, es importante que sepas que, aunque en muchas ocasiones al hablar de relaciones manipuladoras nos referimos al espacio de pareja, también puede pasar en otros escenarios.

Muchas veces el amor no es suficiente, ni tú puedes aguantar que la pareja haga solo porque quieres eso, ni esa persona se puede excusar siempre diciendo que te quiere mucho.

El amor tiene que ser de calidad, si no, no vale para nada, a simple vista te puede parecer fácil reconocer si estás en una relación tóxica de pareja. Sin embargo, cuando eres tú el que está dentro no es tan fácil. Primeramente, tienes que exigir respeto, empatía, comprensión, sin embargo, vamos a ver algunas pautas concretas para que te plantees si andas en una relación que no vale la pena seguir.

Sientes muros donde antes hubo puertas

Si antes de tener pareja eras una persona independiente que podía tomar sus decisiones sin rendir cuentas a nadie, tienes que tener claro que teniendo pareja esa condición se debe mantener.

Así que si sientes que no puedes decidir lo que quieres hacer porque antes no tenías que acordarlo, debes tener claro que teniendo pareja esa condición se debe mantener.

Si sientes que no puedes decidir lo que quieres hacer porque antes tienes que acordarlo con la pareja o incluso pedir permiso, las cosas no van por el sendero que es.

Del mismo modo puede que te sientas coaccionado a tomar decisiones que sabes que van a satisfacer a la pareja porque si no, se enfadará, más allá de cómo te afecten a ti estas decisiones.

Otro de los signos puede ser que veas limitaciones en las perspectivas del futuro, que la pareja entorpezca a la hora de mejorar laboralmente o que te desilusione en ese sentido.

Atacan tu equilibrio emocional

La manipulación emocional es un clásico en toda relación, si sientes que la pareja solamente busca el beneficio, aunque esto quiera decir que no tengas dudas en este tipo de relaciones.

Del mismo modo tratará de manipularse y hará que la autoestima encuentre niveles bajos, la razón de esto es sencilla, te puede manipular y atarte a él.

Finalmente, el rasgo también se puede ver con un control absoluto de lo que haces, así como en la desconfianza sobre ti, al pedir explicaciones constantes.

La necesidad de control va seguida de celos desmedidos y de demostración de autoridad para tomar decisiones y coaccionar a que hagas lo que la persona quiere en todo momento.

Sientes infelicidad

Si sientes que cada día que pasas al lado de la personas eres más infeliz, puede que vivas una relación tóxica. Si cuando una persona no está, te sientes relajada y descansada puede que la relación de pareja sea mala para ti.

Una de las características clave de relación sana es poder mantener el espacio, para poder crecer como persona y sentir que sigues siendo tú misma. Si sientes que no eres la misma persona que antes y no tienes libertad para tomar tus decisiones que consideras mejor para ti, a lo mejor tengas una pareja tóxica, con el tiempo puede producir desgaste psicológico e incluso causar problemas.

¿Cómo salir de una relación manipuladora?

Contrario de lo que podría parecer, las relaciones manipuladoras son las que duran más años, la razón de esto es porque este tipo de relaciones evitan la finalización de la unión.

- Miedo a las consecuencias de dejar a la otra persona, en muchos casos puede tener miedo al cambio por la reacción ante la ruptura o por el cambio que puede suponer a la vida.
- Te has hecho dependiente de la pareja, esto puede dar paso a que termines teniendo miedo al abandono y a la soledad y prefieres arrastrar la infelicidad.
- Hay amor todavía, esto puede ser una paradoja, pero es verdad, en muchas ocasiones las parejas de la condición siguen estado enamoradas, se quieren mal y por eso siguen enamoradas. Se quieren mal y por eso se hacen daño, pero no entienden el modo de querer o de vivir en pareja.

Ser conscientes de lo que pasa

El primer paso es que aprendas a dejar relaciones manipuladoras, tienes que saber lo que vives, debes reflexionar sobre la relación de pareja y analizar si es manipuladora o no. Si lo es, se comienza a trabajar para que la situación mejore, ya sea que se intente transformar la relación a un camino saludable para terminarla.

Librarse del miedo

Luego que has concienciado de que la unión te hace daño tienes que trabajar los miedo y dejarlos atrás. Esta es una barrera dura pero el trabajo que hagas te ayudará a establecer relaciones sanas en el mañana.

Por otra parte, no puedes descartar la opción de pedir ayuda, puede que no sientas la fuerza suficiente para que cambies la situación y es elemental contar con apoyo en el entorno cercano.

Hay que destacar que si la situación es seria, te tienes que poner en manos de profesionales. Psicólogos, asistentes sociales que sirvan para que te libres de esta persona.

Mejor solo que mal acompañado

Obviamente cada persona es un mundo, puede que en los buenos momentos te sientas bien, sin embargo, no tiene por qué compensarse con los malos momentos donde la autoestima e integridad se ven afectadas. Si estás con una persona es para que estés mejor, no para estar mejor a veces. Pues debes pensar que es mejor estar solo que con un amor manipulador.

Invierte tu energía en ti

Si vives en relaciones tóxicas uno de los pasos para cambiar es que dejes de andar alrededor de ese satélite que es la otra persona en tu vida, tienes que comenzar a centrar las energías en ti y en tu bienestar. Si los intentos no han funcionado y has decidido poner fin a la relación en los momentos de duda aparecerán. Es ahi cuando piensan en lo que te ha aportado y seguir adelante, encontrando tu camino. Recupera los proyectos y aficiones que dejaste de lado por no haber sido la prioridad.

Trabaja tu autoestima

Lo común que se tiene en relaciones manipuladoras es que la autoestima se ve afectada. En estos casos se tiene que trabajar para que la percepción que tienes mejore y sientas que puedes. Comienza pensando en los aspectos positivos que tienes y en las situaciones que superas con éxito y te hacen sentir orgulloso. Es el momento de deshacerte de ese sentimiento potenciado por esa mala relación.

Aceptar tu tristeza

Muchas veces hay que tomar la decisión de terminar relaciones tóxicas, además de otros sentimientos. A fin de cuentas, se ha vivido una relación de intensidad grande y cuando se dan cambios importantes es normal sentir nostalgia, pena e incertidumbre, sin embargo, tienes que recordar que es un nuevo camino que te lleva a un menor futuro.

Pasarás distintas etapas luego de romper, para el duelo pasará y te sentirás orgullosa de haber terminado con esa relación.

Disfruta de tu soledad

Por otra parte, es importante que aprendas de nuevo a disfrutar de la soledad, solo con ella puedes disfrutar de ti misma y de todo lo bueno que tienes.

La situación ayuda a reconstruir, a pensar de manera positiva y a valorar de nuevo. Así pues, no temas a la soledad porque será la mejor arma para que sigas adelante y te sientas capaz para los problemas del mañana.

Aprende técnicas de relajación

Como último consejo, hay que hacer hincapié en los beneficios que dan en el día a día las técnicas de relajación. Una característica de las relaciones tóxicas es la dependencia que genera en las personas que viven.

Esto hace que se den momento complicados luego de la ruptura que puede aparecer con ansiedad o nervios. Por esto el hacer técnicas de relajación y respiración puede ser positivo porque poco a poco comienzas a controlar la situación y conseguir la calma.

Se puede salir de este tipo de relaciones, siempre se tiene que tener en mente que podrás superar esta relación, por muchos años que tengas con esa persona y lo que hayas pasado, si la relación es mala tienes que reflexionar sobre la situación y plantear cambios que te lleven a donde quieres.

EL SÍNDROME DE ESTOCOLMO Y LA MANIPULACIÓN

❦

*E*l síndrome de Estocolmo se llama así gracias al trabajo que hizo un especialista criminólogo sueco Nils Bejerot a fines de los setenta, donde se resumen comportamientos resultantes de un grupo de personas cuando dos atracadores en un banco de Estocolmo retienen a unas personas por seis días. Cuando son rescatados algunos cautivos se muestran amables, empáticos, con los secuestradores y en algunos casos benevolentes hasta el punto de financiar los gastos de defensa, un claro ejemplo de lo que es el síndrome de Estocolmo.

En algunas ocasiones las víctimas se identifican inconscientemente con los agresores, se meten a nivel emocional con la situación y asumen un grado de responsabilidad por la agresión que reciben. A veces con gratitud intrínseca en algunas personas, por haber salido ilesas y con vida en ese episodio, se puede decir que el síndrome de Estocolmo es un mecanismo de defensa, una reacción que el campo manifiesta, ante una situación incontrolable que sucedió.

No podemos dejar de lado que, para desarrollar un síndrome de Estocolmo, el agredido tiene que sentirse en algún momento con cuidado, sin evidencia de haber padecido maltratos. Lo más probable es que haya estado bajo el yugo de un gran manipulador.

La persona que sufre el síndrome de Estocolmo empatiza con el que agrede, lo defiende y siente que los actos provocan situaciones de agresión que se han vivido. Muchas veces se asocia el síndrome solo a las personas que han sido secuestradas, pero hay otros escenarios más conocidos donde esto sucede hoy.

Vamos a pensar en las personas que son maltratadas por las parejas, pero que siguen allí, defendiendo la relación y no anteponen denuncias necesarias. De algún modo se sienten culpables, pero también agradecidos de seguir vivos o estar bien pues el maltrato de las parejas va de la mano con la manipulación.

Viendo a las víctimas, se puede evaluar si se siente identificada con el agresor, tanto en la manera en la que piensa como en el comportamiento y si durante un largo tiempo perdura la gratitud hacia los agresores.

Actualmente algunos profesionales consideran que el síndrome no se debe encasillar solo a sujetos que han sido secuestrados, también lo es en caso de víctimas de violencia por parte de la pareja, se puede ver igual en defensa de las mismas a los agresores como se mencionó antes.

Se justifica el maltrato, pero no se evita la unión y tampoco se resuelve el conflicto no se puede escapar de la cárcel, una cárcel de la que ella misma tiene la llave para poder irse cuando quieran, es una situación de impotencia en el entorno.

Es un síndrome que se puede presentar por la vulnerabilidad e indefensión que se da en cautiverio o la situación de maltrato.

Las relaciones patológicas se dan por un desorden mental a la hora de aceptar lo malo y peligroso que es, ante desequilibrios entre la combinación de buenos y malos tratos, optando valorar lo beneficioso o positivo de esta unión. El tratamiento, fármacos, psicoanálisis, medicinas, todo esto puede ayudar, pero el plan es que se busque trabajar y busque resolver.

CUANDO EL MANIPULADOR ES DESCUBIERTO

Igual que con las demás personas, cada uno va a actuar de un modo distinto cada vez, con los engaños que quedan a la vista. Sin embargo, hay una serie de patrones o comportamientos que se usan como estrategias para reconducir las situaciones

Para empezar, cambian de comportamiento rápidamente, las personas manipuladoras, cuando los otros se dan cuenta de lo que piensan, modifican radicalmente la forma de comportarse para desviar la atención de la persona a la que intentan manipular y que de este modo piense que ha sido todo producto de la imaginación.

Puedes buscar hacer que la otra persona se sienta culpable, consigue en el interior crea un atisbo de duda ante lo que piensas de él y que te sientes culpable por haber malpensado, de ese modo se aseguran que en otro momento harás lo que sea para compensar el sentimiento de culpa, si ese es el caso el consejo es que trabajes para eliminar las culpas.

También tratan de justificarse por todos los medios, una de las frases que más usan es que no son la única persona que lo piensa, con esto tienen la meta de reducir la responsabilidad de los actos y ganar algo de credibilidad.

Intentan girar la tortilla, la convierten en las víctimas y buscan personas que le han descubierto engaños y esperan que sientan lástima por ellos, para de este modo comprender que actúa de un modo injustificado.

Otro modo de actuar es por medio del enfado, tratando de imponer frente a la persona que lo ha descubierto y así acobardarla, teniendo de este modo más tiempo para planificar y pensar las acciones futuras.

El enfrentamiento

Para poderlos combatir se tiene que aprender a reconocerlos, muchas veces no es nada sencillo, con el paso del tiempo los manipuladores van perfeccionando las técnicas, se disfrazan de corderos cuando en realidad son lobos esperando atacar.

Hay muchos tipos de manipuladores como el dependiente, agresivo, interpretados, sarcástico, sí que se pueden dar pautas para poder detener a una persona con personalidad.

No permitas que se convierta en víctima. Esta es una de las estrategias más empleadas por las personas manipuladoras para que crea que tienes la culpa, aprende a verbalizar actos y demostrar que sabes las intenciones y que por ello no podrá ir de víctima.

No dejes que te montes un espectáculo, cuando ven que los objetivos no van a cumplirse, se enfadan y se comportan como niños con rabietas, en este caso lo que debes hacer es ignorar el comportamiento porque esto es solo otro modo de chantajear a nivel emocional.

Pon límites, puesto que la personalidad les impulsa a ser agresivos, no dejes que lo sean contigo, tienes que hacerte respetar, valorar y de este modo van a saber que con esto no lograrán nada de ti.

Enseña que no te dejas manipular, di que no, cuando sientas que no quieres hacer lo que ellos te pidan, no sientas culpa ni remordimiento por hacerlo porque estás en el derecho de negarte.

Expresa lo que te desagrada, explica cómo te sientes, esta pauta es a conciencia de la tendencia que tienen las personas, de este modo las debilidades del otro quedan a la vista y se aprovecha por eso es esencial que seas asertivo. Ya tocamos ese tema antes.

CÓMO RECONOCER HOMBRES MANIPULADORES

❦

*E*s absurdo para que minimices el respeto de mujer y la autoestima que alguien debería permanecer en una relación dañina que te puede arruinar.

No eres una niñera, ni la madre y ninguna mujer debería sentir que necesitan serlo. Cuando hay problemas de pareja lo mejor es alejarse, una relación tiene que llevar amos, cariño, afecto, cosas que puedan disfrutar, pero cuando llegan los maltratos, amenazas y violencia física y emocional, ya no es sano y esto lo vemos en la juventud y en muchas personas.

Hombres como Mel Gibson. Kanye West, Tiger Woods, Charlie Sheen, son nombres que se han convertido en sinónimo de hombres manipuladores y nocivos, son os que llegan a la vida llenos de promesas y flores y luego vienen y acaban con todo el amor, la paciencia y la cordura.

Estos hombres, los narcisistas, agresivos, sobran en la vida de cualquier mujer, eso lo saben perfectamente, el problema es que, como tantas mujeres, no lo pueden reconocer, se deslumbran por el carisma, por las frases seductoras, por los detalles románticos, se ciegan por la necesidad de vivir el amor, no son capaces de ver las señales que gritan que te detengas.

Cuando hay hombres que son probables, se tienen que tener guías para poder leerlo correctamente, verlo como es, con la cabeza despejada de sueños románticos, esto servirá para determinar si es para ti.

Tienes que aprender a reconocerlo en todo lo que hemos visto en este contenido, más esto que conocerás a continuación:

- Causan emociones negativas.
- Se comportan mal, no tienen respeto y la consideración que mereces.
- Te hacen sentir mal contigo misma, eso afecta el comportamiento y el nivel de autoestima.

Por eso es necesario que se reconozcan y entre más pronto mejor para tu emocionalidad. Conoce las tácticas de estas personas para que aprendas a identificarlos.

El que miente y manipula

Es la clase de hombre que te hace sentir maravillosa de entrada, cuando el proceso de conquista aparece, te llena de halagos, de detalles buenísimos, te dice cosas lindas. Crees que tienes al príncipe azul.

La táctica que usa es que te hacen sentir bien, que quieres estar cada momento a su lado, el problema se da cuando lo contradices o le niegas algo que él quiere. Entonces muestra los verdaderos colores y todo el encanto que se evapora en un instante. El hombre es experto a la hora de torcer las palabras y de reescribir la historia, para que te hagas creer que eres tú el que ha fallado. Muchas mujeres, seducidas por su encanto, tratan de complacerlo en todo con la esperanza de recuperar a esa persona del comienzo de la relación. La verdad están atrapadas con un maestro de la manipulación.

El controlador abusivo

Es la persona que quiere saber lo que haces las 24 horas del día, a cada momento, te dice lo que hay que hacer, de hacerlo, si no accedes a seguir el plan, te llena de ira, de desaprobación.

La táctica es que usan la ira o agresividad, las cuales escalan hasta que se hacen peligrosas. Si este es el caso, no importa que jure que te ama ni que diga que todo es por tu bien. de más está decir que si estás con un hombre que es abusivo, física, verbal o emocionalmente, tienes que buscar ayuda para de la manera más segura para ti y los seres queridos salir de la relación.

El pobre diablo autodestructivo

Es la víctima a quien todo le sale mal, se rodea de mala suerte. Tienes que rescatarlo a cada paso, muchas veces perjudicando el trabajo la economía y las relaciones con otros, que no entienden la dedicación a este ejemplar que no aporta nada y exige todo.

La táctica es culpar a los demás, con sus circunstancias, vida y buena o mala suerte, de todas las desgracias, de este modo te hace creer que los problemas se deben a la inercia, la irresponsabilidad o la falta de iniciativa.

El «yo-yo» narcisista

Todo comienza con él, termina con él, es el centro del mundo, el personaje más importante del mundo, el narcisista total, no reconoce sentimientos ni necesidades ajenas, solo le interesa satisfacer necesidades para alimentar su ego. Estás en segundo lugar, solo para satisfacerlo a él.

La táctica es que te hace sentir agradecida de compartir la vida con un ser importante y especial, si siempre te sientes abrumado vives para complacerlo, estás ante un narcisista que como un vampiro te chupa todo.

El huidizo eterno

Nunca sientes que lo tienes totalmente, porque él no quiere compromisos, porque no quiere compromisos. Si te pierdes los fines de semana o te dice que no está preparado para algo serio, no responde llamadas ni está allí a tu lado, cuando lo necesitas. Es el clásico egoísta que quiere pareja cuando le conviene o le hace falta y desea sentirse libre cuando la relación se le hace incómoda.

La táctica es que se describe como un espíritu libre e indomable, que no se puede atar a relaciones, insinúa que, en algún momento a lo mejor dentro de una centuria, lograrás comprometerte, así te da largas, mientras aguantes.

Si sigues dudando de si tu pareja es tóxica te invito a que te preguntes:

- ¿Cómo te sientes en esta relación? ¿A gusto?
  ¿Incomprendida? ¿Menospreciada?
- Luego de cualquier interacción ¿Cómo te sientes? ¿nerviosa,
  triste, deprimida, ansiosa?
- Si tu caso es el de una amiga, qué opinas de la relación,
  pensarías que es lo mejor para ella, entonces por qué las
  aceptas para ti. Esto es importante porque casi siempre se ve
  el problema ajeno con más claridad, esto es porque se enfoca
  racionalmente no por medio de las emociones.

Cada caso es único, requiere medidas, en algunos momentos contar con la relación es lo más indicado, en otros puede servir buscar ayuda especializada. Todo depende del caso y las circunstancias de cada pareja.

Lo que puedes hacer de inmediato es reconocer la clase de relación con la que determinar por qué sigues en ella. ponle atención a las respuestas a las excusas que usas para seguir con un hombre que te hace sentir mal contigo misma. No adornes los motivos, sé honesta, eres tú quien tiene la llave de la liberación.

A la vez, trabaja para elevar la autoestima, esta ayudará a que mantengas la integridad en el amor, cuando quieras y te respetes, no atraerás ni tolerarás a hombres tóxicos en la vida, si tienes una lista de lo que buscas en un hombre, igual haz d todo lo que ofreces, tienes que ser consciente de las virtudes y capacidades. Repasa los logros, ve los lados fuertes, verás que no necesitas un hombre para estar completa.

CONCLUSIÓN

Ya ves que la psicología oscura no es algo de moda, que acabó de surgir, engloba las manipulaciones y el lavado de cerebro. Se buscó abordar en esta experiencia todos los espectros de ella y cómo salirte de situaciones donde te aplican la psicología oscura o que la puedes usar de manera saludable para lograr objetivos

Todos ejercemos influencia en las personas y en el entorno, a la vez es influido por os demás y las circunstancias. Es inevitable que los seres sociales dependientes de los demás que viven en una sociedad completa donde es imposible tomar en cuenta y controlar otros factores.

En muchas ocasiones la influencia es positiva y con buena intención, como cuando educamos a nuestros hijos y ejercemos influencia en ellos, les moldeamos valores que nos parecen más sanos. Les enseñamos lo bueno y lo malo y que las cosas tienen consecuencias. Intentamos ejercer una influencia saludable, igual como lo hacen los maestros y mentores, la pareja, amigos que tienen intenciones buenas para con nosotros.

Lo niños también tienen una influencia en nosotros, muchas veces manipulan, cuando lloran y les damos lo que piden sin pensar si es correcto o no, solo para que se callen. Estamos cayendo en sus redes, porque no soportamos verlos sufrir. Ellos aprenden una gran estrategia para manipular y así conseguir por medio del chantaje emocional lo que ellos quieren en ese momento. Desde allí son manipuladores, chantajistas en potencia, excepto que los llevemos a ser buenos influenciadores en los otros y no caigamos en su red.

Hay también formas aceptadas socialmente donde se pueden manipular, como la mentira social, donde entendemos que es sano mentir para no dañar, mentira piadosa donde los niños o adolescente esconden información o mienten en el proceso de construcción de la identidad. De adultos también mentimos para dar una imagen y quedar bien, sonreímos, aunque no lo sintamos, se adapta, genera buen rollo, se permite que potenciemos habilidades de persuasión y negociaciones necesarias para la educación, para el trabajo en equipo, venta de productos y servicios, la solución de conflictos internacionales, la sociedad se sustenta sobre ello.

Hay un lado oscuro en la manipulación, que es dañino, que puede hundir a la persona que lo sufre, hay personas que son expertas en el arte de manipular que parecen ser inocentes, pero son dañinos. En términos genéricos, pero ellos pueden ser manipuladores perversos.

Pasa que estas personas no son conscientes de las estrategias de chantajes, presión, manipulación, han aprendido a satisfacer las necesidades importantes y básicas, por medio de la manipulación, no tiene intención de dañar, pero no aprenden a ser asertivos o han desarrollado personalidad difícil. En algunos casos se trata de patologías clínicas. Otras veces el manipulador sabe lo que hace y disfruta teniendo el mando, es un extremo de estos personajes, también se habla de casos con patologías.

Tanto unos como otros tienen que pararle los pies a la autoestima y buscar el modo de crear relaciones sanas con los demás.